AI, 공정과 편향

AI문고

인공지능 시대입니다. 기계가 인간의 인지를 대신하고, 사물이 인간을 통하지 않고 다른 사물과 직접 커뮤니케이션합니다. 이에 따른 인간 삶과 문명 변화를 정확히 이해·예측·대응하는 것은 이 시대 우리 모두의 과제입니다. AI문고는 인공지능 기술과 환경의 여러 주제를 10가지 키워드로 정리합니다. 관련 개념과 이론, 학계와 산업계의 쟁점, 우리 일상의 변화를 다룹니다. 인간과 기술의 현재, 미래를 세심히 분석합니다.

일러두기

- 인명, 작품명, 저서명, 개념어 등은 한글과 함께 괄호 안에 해당 국가의 원어를 병기했습니다.
- 외래어 표기는 현행 어문규정의 외래어표기법을 따랐습니다. 다만 '딥러닝' 등은 관행을 따랐습니다.

처음이세요?

전문가세요?

AI, 공정과 편향

박규동·김근혜

대한민국, 서울, 커뮤니케이션북스, 2025

AI, 공정과 편향

지은이 박규동·김근혜
펴낸이 박영률

초판 1쇄 펴낸날 2025년 3월 31일

커뮤니케이션북스(주)
출판 등록 2007년 8월 17일 제313-2007-000166호
02880 서울시 성북구 성북로 5-11
전화(02) 7474 001, 팩스(02) 736 5047
commbooks@commbooks.com
www.commbooks.com

ISBN 979-11-7307-876-7 03500

책값은 뒤표지에 표시되어 있습니다.

차례

AI의 공정과 편향이 왜 중요한가?

인공지능(Artificial Intelligence, AI)은 우리의 일상생활 곳곳에 스며들어 있다. 스마트폰의 개인 비서부터 자율주행 자동차, 의료 진단 시스템, 금융 서비스에 이르기까지 AI 시스템은 우리의 일상적인 결정부터 중요한 인생의 순간까지 영향을 미친다. AI는 인간의 편의를 극대화하며 더 나은 의사 결정을 돕는 혁신적 도구로 자리 잡았다. 그러나 이러한 기술이 우리 삶을 더 공정하고 평등하게 만드는 데 기여하기보다, 오히려 기존의 사회적 편견을 확대하거나 새로운 불평등을 야기한다면 어떻게 될까? 바로 이 지점에서 공정과 편향의 문제가 중요하게 떠오른다(Noble, 2018).

AI와 우리의 일상: 편리함과 그 이면

AI는 특정 작업을 자동화하고 인간의 결정을 보완하는 데 엄청난 잠재력을 지니고 있다. 병원에서 AI 기반 진단 도구는 질병을 더 빠르고 정확하게 감지할 수 있도록 도와준다. 금융 업계에서는 대출 심사를 AI가 처리해 효율성을 높이고 있다. 또한 개인화된 추천 시스템은 우리가 좋아할 만한 영화, 음악, 상품을 손쉽게 찾도록 도와준다.

하지만 이러한 편리함의 이면에는 간과하기 어려운 문제가 숨어 있다. 예를 들어, 대출 심사 AI가 과거 데이터를 학습하여 특정 지역 출신의 대출 신청을 거부한다면, 이는 단순한 편향을 넘어 사회적 불공정을 강화하는 결과를 초래할 수 있다. 의료 진단 AI가 특정 인종에 대해 부정확한 결과를 내거나, 채용 알고리즘이 여성보다 남성 지원자를 선호한다면 이는 AI가 우리 삶을 더 평등하게 만들기는커녕 기존의 차별을 더 고착화할 위험을 보여 준다(Dastin, 2018; Buolamwini & Gebru, 2018).

AI의 영향력이 커질수록 이 시스템들이 공정하면서 편향되지 않게 작동하는지에 대한 문제는 더욱 중요해진다. 그러나 현실은 우리의 기대와 다를 수 있다. AI 시스템도 인간처럼 편견을 가질 수 있으며, 때로는 이러한 편견이 더욱 증폭되어 나타나기도 한다(Angwin et al., 2016). AI가 편향되거나 불공정한 결정을 내릴 경우, 그 영향은 개인의 삶은 물론 사회 전체에 광범위하게 미칠 수 있다. AI의 편향은 개인의 기회를 제한하고 사회적 불평등을 심화시킬 수 있다.

그뿐만 아니라 AI가 사회적으로 용인되기 어려운 방식으로 학습하고 행동하는 사례도 점차 증가하고 있다. 예를 들어, 챗봇이 인터넷상의 편향된 데이터를 학습하여 혐오 발언을 반복하거나 범죄 예측 알고리즘이 특정 인종과 지역을 잠재적 범죄자로 간주하는 경우가 보고된 바 있다(Crawford, 2021). 이러한 문제는 AI가 단순히 데이터의 패턴을 따르는 것이 아니라 사회적 맥락 속에서 어떤 기준과 가치를 반영해야 하는지에 대한 논의가 필수임을 시사한다. AI 기술이 더욱 발전하고 일상에 깊숙이 스며드는 만큼 우리는 AI가 어떤 데이터를 학습하며 어떤 기준으로 판단을 내리는지 면밀하게 검토하는 것이 필요하다. AI의 공정성과 신뢰성을 보장하기 위한 노력이 없으면 기술은 편견을 더욱 강화하는 도구로 작용할 수 있다.

공정과 편향의 개념: 기술의 새로운 윤리적 도전

공정과 편향은 본래 인간 사회에서 중요하게 논의되던 개념이었다. 공정은 아리스토텔레스부터 존 롤스에 이르기까지 철학의 중심 주제였으며, 편향은 심리학과 사회학에서 인간의 의사 결정과 행동을 이해하는 데 중요한 역할을 했다. 그러나 AI는 이러한 개념을 새로운 차원으로 확장시켰다(Noble, 2018). AI는 인간의 의사 결정을 모방하거나 대체하는 과정에서 인간이 가진 편향을 학습하고 이를 알고리즘을 통해 자동화한다. 이때 AI가 학습하는 데이터에는 이미 사회적 편향이 내재되어 있는 경우가 많으며, 이는 알고리즘을 통해 재생산될 가능성이 크다. 예를 들어, 과거의 채용 데이터가 남성 지원자를 선호했다면 이를 학습한 AI도 동일한 패턴을 반영하여 여성 지원자에게 불리한 결정을 내릴 수 있다. 이는 AI가 단순한 기술적 도구가 아니라 윤리적 · 사회적 책임이 요구되는 시스템임을 시사한다(Dastin, 2018). 따라서 AI를 개발하고 활용하는 과정에서 공정성과 책임성을 고려하는 것은 필수다.

이러한 맥락에서 AI의 공정과 편향 문제는 단순한 기술적 오류가 아닌 더욱 구조적인 문제로 이해되어야 한다. AI는 방대한 데이터를 학습하여 자동화된 방식으로 의사 결정을 내리지만, 이 과정에서 편향이 내재된 데이터를 학습하면 특정 집단에 대한 차별적 결과가 지속적으로 강화될 수 있다(Noble, 2018). 특히 채용, 의료, 금융 등 사회적 영향이 큰 분야에서 AI가 잘못된 판단을 내릴 경우, 이는 개인의 기회를 제한하고 사회적 불평등을 더욱 심화시킬 위험이 존재한다(Mehrabi et al., 2021). 따라서 AI의 공정성을 보장하기 위해서는 단순한 기술적 조정을 넘어, 데이터의 수집과 알고리즘 설계 단계에서 편향을 감지하고 조정하는 체계적 접근이 필요하다. 또한 지속적인 모니터링과 공정성 평가 그리고 윤리적 원칙을 반영한 제도적 보완이 병행되어야 한다. AI는 단순한 기술이 아니라 사회적 가치와 밀접하게 연결된 시스템이므로 기술적 해결책뿐만 아니라 정책적 · 윤리적 논의가 함께 이루어져야 공정한 AI가 실현될 수 있다.

일상 속에서 드러나는 공정과 편향의 문제

AI의 공정과 편향 문제가 대중적으로 드러난 대표적인 사례로는 2020년 트위터(Twitter, 현 X)의 사진 크롭 알고리즘 논란이 있다. 당시 트위터는 사용자가 올린 긴 사진을 자동으로 잘라 섬네일 형태로 보여 주는 알고리즘을 적용했는데, 이 알고리즘이 여러 인물이 등장하는 사진에서 백인 또는 밝은 피부를 가진 사람을 우선적으로 선택하는 현상이 빈번히 발생했다. 예를 들어 흑인과 백인이 함께 등장하는 사진에서 지속적으로 백인의 얼굴을 중심으로 이미지를 크롭하는 결과가 나타났다. 이 현상이 SNS상에서 사용자들에 의해 공개적으로 지적되면서 큰 논란이 되었고, AI 시스템이 무의식적으로 특정 인종을 우선시하는 편향을 학습할 수 있다는 사실이 널리 알려지게 되었다(Raji & Buolamwini, 2019). 이는 AI의 데이터 학습 과정에서 의도치 않게 사회적 편견이 반영될 수 있으며, 공정성과 편향성 문제가 일반 대중에게 직접적인 영향을 미친다는 점에서 대표적인 사례로 꼽힌다.

한국에서도 AI 챗봇 이루다가 인터넷 커뮤니티 데이터를 학습하면서 차별적 발언과 고정 관념을 학습해 논란이 되었다. 이 사례는 AI 시스템이 학습 데이터의 품질과 사회적 맥락을 얼마나 민감하게 고려해야 하는지 보여 준다(김철수, 2021).

반대로 AI의 공정을 개선하려는 노력도 있다. 예를 들어, 일부 의료 AI 시스템은 과소 대표된 환자 집단을 더 정확히 진단하기 위해 데이터를 보완하고 알고리즘을 재설계했다(Google Health, 2020). 또한 금융 분야에서는 AI 페어니스 360(AIF 360, AI Fairness 360) 툴키트를 활용하여 대출 심사 과정에서 발생하는 불공정을 완화하려는 시도도 있었다(IBM Research, 2019).

AI 시대의 공정과 편향: 다시 중심에 서다

AI는 우리에게 엄청난 기회를 제공하지만 동시에 우리

사회의 근본적인 가치와 원칙을 재고하게 만든다. 공정, 평등, 투명성, 책임성과 같은 가치들은 AI 시대에 더욱 중요해지고 있다. 한국에서도 나타난 챗봇의 편향 사례는 글로벌 이슈가 단순히 남의 이야기가 아님을 보여 준다.

이 책은 독자와 함께 AI의 공정과 편향 문제를 탐구하고 이러한 문제를 해결하기 위한 구체적이고 실질적인 방안을 모색하고자 한다. AI는 잘못 사용할 경우 사회적 불평등을 심화시킬 수 있지만, 올바르게 설계되고 운영된다면 공정과 포용성을 증진하는 강력한 도구가 될 수 있다. 결국 AI의 공정과 편향 문제는 단지 특정 기술이나 알고리즘만의 문제가 아니라, 우리가 어떤 사회를 만들어 가고 싶은지에 대한 근본적인 질문과 연결된다.

따라서 AI 시대의 공정성을 실현하기 위해서는 AI 개발자뿐만 아니라 법률가, 정책 입안자, 시민 사회 등 다양한 이해관계자들이 함께 고민해야 하며 인간 중심의 가치와 사회적 합의를 바탕으로 지속적인 논의와 협력이 필요하다.

이 책의 구성

이 책은 10개의 장으로 구성되어 AI의 공정과 편향 문제를 체계적으로 탐구한다. 각 장은 독자가 AI의 공정과 편향을 이해하고 이를 개선하기 위한 기술적, 사회적 방법을 모색하는 데 도움을 줄 수 있도록 설계되었다.

1장에서는 공정과 편향의 기본 개념을 철학적, 수학적, 사회학적 관점에서 고찰한다. 특히 AI 시대에 공정과 편향 문제가 왜 중요한지 설명하고 이에 대한 이해를 돕기 위해 이론적 기반을 제공한다.

2장부터 5장까지는 AI 편향의 주요 원인과 메커니즘을 분석한다. 2장에서는 AI 편향의 정의와 유형을 살펴보고, 편향이 AI의 생애 주기 전반에 걸쳐 어떻게 형성되는지 탐구한다. 3장에서는 데이터 수집과 처리 과정에서 발생하는 편향을, 4장에서는 알고리즘 설계와 학습 과정에서 발생하는 편향을 다룬다. 5장에서는 개발자의 무의식적 편견과 사회 구조적 불평등이 AI 시스템에 미치는 영향을 분석한다.

6장부터 9장까지는 AI 편향 문제의 해결 방안을 다양한 측면에서 모색한다. 6장에서는 실제 사례를 통해 AI 편향의 영향과 완화 방안을 살펴보고, 7장에서는 공정한 AI 설계를 위한 윤리적 원칙과 가이드라인을 제시한다. 8장에서는 법적, 제도적 접근 방안을 다루고 9장에서는 기술적 해결 방안을 논의한다.

마지막으로 10장에서는 공정한 AI 구현을 위한 미래

비전과 전략을 제시하며 이를 위해 필요한 기술적, 사회적, 제도적 노력을 종합적으로 조망한다.

이 책에서는 AI의 공정과 편향 문제를 이론적 논의부터 실제 사례 그리고 해결 방안에 이르기까지 체계적으로 다룸으로써 AI 시대의 핵심 과제인 공정성 확보를 위한 종합적인 이해와 통찰을 제공하고자 한다.

참고문헌

김철수(2021). 이루다 챗봇 사건과 데이터 편향 문제: 한국 사례 연구. ≪AI와 사회≫, 10(3), 45-67.

Angwin, J., et al.(2016). Machine Bias: There's software used across the country to predict future criminals. And it's biased against blacks. *Propublica*. https://www.propublica.org/article/machine-bias-risk-assessments-in-criminal-sentencing

Buolamwini, J. & Gebru, T.(2018). Gender Shades: Intersectional accuracy disparities in commercial gender classification. Proceedings of the 2018 Conference on Fairness, Accountability, and Transparency(FAT), 77-91. https://doi.org/10.1145/3287560.3287572

Crawford, K.(2021). *Atlas of AI: Power, politics, and the planetary costs of artificial intelligence.* Yale University Press.

Dastin, J.(2018). Amazon scraps secret AI recruiting tool that showed bias against women. Reuters. https://www.reuters.com/article/amazon-ai-recruiting-bias-idUSKCN1MK08G

Google Health(2020). Improving dermatology with AI: Addressing diversity in datasets for better outcomes. https://health.google/

IBM Research(2019). AI Fairness 360: An extensible toolkit for detecting, understanding, and mitigating unwanted algorithmic bias. https://aif360.mybluemix.net

Mehrabi, N., et al.(2021). A survey on bias and fairness in machine learning. *ACM computing surveys*, 54(6), 1-35. https://doi.org/10.1145/3457607

Noble, S. U.(2018). *Algorithms of Oppression: How search engines reinforce racism.* New York University Press.

Raji, I. D., & Buolamwini, J.(2019). Actionable auditing: Investigating the impact of publicly naming biased performance results of commercial AI products. Proceedings of the 2019 AAAI/ACM Conference on AI, Ethics, and Society, 429-435. https://doi.org/10.1145/3306618.3314243

01
공정과 편향이란 무엇인가?

공정은 개인의 특성과 상황을 고려해 평등한 기회를 제공하는 원칙이며, 편향은 심리적 선입견과 사회 구조적 불평등에서 비롯되어 공정성을 위협한다. 철학, 수학, 사회학적 논의는 공정과 편향의 복잡한 상호 작용을 이해하는 데 기여하며, 이를 통해 우리는 일상 속 불평등을 인식하고 해결 방안을 모색할 수 있다. AI 시대의 도래로 이러한 문제는 더욱 중요해졌으며 공정성을 보장하고 편향을 최소화하기 위한 지속적 노력이 필수다.

AI와 1인 창업?

공정과 편향의 이해

공정(fairness)은 모든 사람이 동등한 대우를 받고 편견 없이 공평하게 평가받는 상태를 의미한다. 이는 단순히 동일하게 대우하는 것을 넘어서 개인의 특성과 상황에 적합한 기회를 보장하는 데 그 목적이 있다. 예를 들어 특정 장애를 가진 사람이 동등한 조건에서 경쟁하기 어려운 상황이라면 이들에게 적절한 지원을 제공하여 평등한 경쟁 기회를 보장하는 것이 공정의 핵심이다.

반면 편향(bias)은 특정 대상이나 집단에 대해 불공정하거나 부정확한 판단을 내리게 하는 선입견이나 경향을 뜻한다. 편향은 인간의 심리적, 사회적, 문화적 배경에서 비롯되며 종종 무의식적으로 나타난다(Kahneman et al., 1982). 예를 들어 한 사람의 외모, 출신 지역, 혹은 특정 직업에 대한 고정 관념이 그 사람에 대해 공정한 판단을 내리는 것을 방해할 수 있다.

공정과 편향은 상호 대립적인 개념처럼 보이지만 실제로는 복잡하게 얽혀 있다. 모든 사람을 동일하게 대우한다고 해서 항상 공정한 것은 아니며, 반대로 개인적 차이를 인정한다고 해서 공정성을 해치는 것도 아니다. 예를 들어 한 교사가 모든 학생에게 동일한 학습 자료를 제공한다고 해서 모든 학생이 동일한 학습 결과를 얻는 것은 아니다. 일부 학생은 추가적인 도움이나 맞춤형 자료가 필요할 수 있다(Rawls, 1971). 따라서 공정은 상황과 맥락에 따라 조정되어야 하며 이 과정에서 편향이 개입되지 않도록 주의해야 한다.

편향은 크게 두 가지로 구분할 수 있다. 인지적 편향(cognitive bias)은 개인의 심리적 기제에서 발생하며, 대표성 편향과 같은 잘못된 판단을 포함한다. 이는 특정 개인이나 사건이 전체 집단을 대표한다고 오해하는 경향을 보인다(Kahneman et al., 1982). 반면 구조적 편향(structural bias)은 사회 제도와 구조에서 비롯되며 특정 집단에게 불리한 결과를 초래할 수 있다. 예를 들어 특정 지역에 공공 자원이 불균형하게 분배되는 경우, 해당 지역 주민들은 구조적으로 불공정한 영향을 받을 수 있다(Bourdieu, 1977).

공정과 편향은 단순한 윤리적 논의에 그치지 않고 사회 정의와 통합을 실현하는 데 핵심적인 요소다. 공정은 모든 사람이 존엄성과 평등한 기회를 누릴 수 있도록 보장하는 원칙이며, 편향은 이를 위협하는 주요 장애물이다. 이러한 문제를 해결하기 위해서는 공정에 대한 명확한 기준을 수립하고 편향 발생 가능성을 인지하며 이를 개선하려는 노력이 필요하다(Noble, 2018).

공정과 편향의 철학적, 수학적, 사회적 배경

공정과 편향 문제는 철학, 수학, 사회학 등 다양한 학문 분야에서 오랫동안 논의되어 온 주제다. 철학에서 공정은 정의(justice)의 핵심 개념과 밀접하게 연결되어 있다. 고대 그리스 철학자 플라톤과 아리스토텔레스는 공정을 사회 질서 유지와 도덕적 원칙 실현을 위한 필수 요소로 간주했다. 아리스토텔레스는 "정의란 각자에게 적합한 몫을 제공하는 것"이라 정의하며 사회적 불평등을 조정하는 데 공정의 역할을 강조했다. 현대에 들어서 존 롤스(John Rawls)는『정의론(A Theory of Justice)』에서 "공정으로서의 정의"라는 개념을 제시하며 현대 사회 구조에서의 공정의 역할을 재정립했다(Rawls, 1971). 롤스는 모든 사람에게 동등한 기회를 보장하고, 약자에게 더 큰 배려를 제공하는 원칙을 강조하며, 이를 사회적 계약 이론과 연결했다. 반면 편향은 무의식적 판단이나 선입견에서 기인하며 철학적으로는 윤리적 실패로 간주된다. 이는 도덕적 의사 결정을 왜곡하고 사회적 불공정을 정당화할 수 있다.

수학에서는 공정을 정량화하고 편향을 분석하며 이를 해결하기 위한 방법론적 접근을 제시한다. 예를 들어 게임 이론에서는 '공정한 분배(fair allocation)'를 정의하고 이를 달성하기 위한 알고리즘을 연구한다. 이러한 연구는 자원 배분 문제에서 효율성과 공정성을 동시에 만족시키는 해법을 찾는 데 기여한다(Chouldechova, 2017). 통계학에서는 표본 추출의 편향성을 줄이기 위한 다양한 방법론이 개발되어 왔다. 특히 인구학적 균형(Demographic Parity)은 집단 간 긍정적 결과의 비율이 동일해야 한다는 기준을 제시하며, 이는 데이터의 불균형과 알고리즘 설계에서 발생하는 편향을 최소화하기 위해 활용된다. 편향은 종종 학습 데이터의 불균형, 알고리즘 설계의 한계 또는 평가 지표의 선택에서 발생한다. 이를 해결하기 위해 수학적 모델링과 알고리즘적 접근이 지속적으로 제안되고 있다. 이러한 수학적 시도는 공정성을 보장하면서도 기술적 효율성을 유지하는 것을 목표로 한다.

사회학에서 공정과 편향은 사회적 불평등, 권력 관계, 그리고 역사적 배경과 밀접하게 연관되어 있다. 피에르 부르디외(Pierre Bourdieu)는 '상징 폭력(symbolic violence)'이라는 개념을 통해 사회적 불평등이 어떻게 정당화되고 재생산되는지 설명했다(Bourdieu, 1977). 이는 편향이 제도화되거나 구조적 불평등을 정당화하는 데 사용될 수 있음을 보여 준다. 한편 , 인간의 무의식적 판단이 공정성을 해칠 수 있다는 점을 강조한 암묵적 편향(implicit bias) 연구는 이러한 논의를 확장한다. 예를 들어 채용 과정에서 면접관이 특정 학교 출신이나 지역 출신에 대해 무의식적으로 긍정적 혹은 부정적 선입견을 가지는 경우, 특정 집단에 불리한 결과를 초래할 수 있다. 이러한 사례는 사회적 편향이 개인의 판단뿐 아니라 제도적 관행에까지 영향을 미칠 수 있음을 시사한다.

일상 속 공정과 편향의 사례

일상생활에서 공정과 편향 문제는 다양한 방식으로 나타난다. 이는 사회적, 문화적, 제도적 맥락 속에서 명백하거나 은밀하게 작용하며 때로는 개인의 기회와 선택을 제한하거나 사회적 갈등을 야기하기도 한다.

먼저, 스포츠 분야에서 공정성과 편향은 자주 논의되는 주제다. 심판이 특정 팀에 유리한 판정을 내리는 경우는 대표적인 편향 사례로 꼽힌다. 심판의 무의식적 선호나 특정 팀의 명성에 따른 기대는 경기 결과에 영향을 미칠 수 있으며, 이는 공정한 경기 진행을 방해한다(Gill, 2000). 교육 분야에서도 공정과 편향 문제가 중요한 논의 주제다. 대학 입학 과정에서 특정 지역이나 학교 출신 학생에게 가산점을 부여하는 정책은 공정성 논란을 야기할 수 있다(김철수b, 2021). 이러한 정책은 기회의 평등과 결과의 평등 사이의 균형을 어떻게 맞출 것인가에 대한 복잡한 사회적 논의를 필요로 한다. 직장 내 채용과 승진 과정에서도 편향은 자주 발견된다. 성별, 나이, 학력 등에 따른 차별은 여전히 많은 기업에서 문제가 되고 있다. 동일한 자격을 갖춘 지원자라 하더라도 특정 성별이나 연령대가 선호되는 경향은 채용 과정에서의 공정성을 저해한다(Angwin et al., 2016). 법적 시스템 역시 공정성과 편향의 사례를 보여 주는 영역이다. 「도로교통법」과 같은 규칙은 모든 운전자에게 동일한 기준을 적용함으로써 법 앞의 평등을 보장하려 하지만, 역사적으로 특정 지역이나 인종에 불리하게 적용된 사례가 있다(Raji & Buolamwini, 2019). 예를 들어 특정 지역에서 더 엄격한 단속 기준을 적용하거나 특정 집단을 대상으로 차별적 법률을 시행하는 것은 법적 공정성을 심각하게 훼손한다. 소비 활동에서도 편향은 존재한다. 소비자가 특정 브랜드나 제품에 대한 선입견으로 객관적인 품질 평가 없이 구매 결정을 내리는 경우는 합리적 선택을 방해하고 시장의 공정한 경쟁을 저해할 수 있다(Noble, 2018). 미디어와 언론 역시 편향 문제에서 자유롭지 않다. 특정 정치적 성향이나 이해관계에 따라 뉴스를 선별적으로 보도하거나 해석하는 경우, 이는 공정한 정보 전달을 방해할 뿐 아니라 사회적 갈등을 심화시킬 수 있다 (Boyd, 2020).

이처럼 공정성과 편향은 단지 철학적 개념에 머무르지 않고 일상적인 맥락 속에서 빈번히 나타나는 현실적 문제다. 이를 인식하고 해결하려는 노력은 개인의 삶의 질을 높이는 데 기여할 뿐 아니라 사회 전체의 신뢰와 통합을 강화하는 데도 중요한 역할을 한다. 공정성을 유지하기 위한 지속적인 노력이 필요한 이유는 바로 여기에 있다.

AI 시대의 공정과 편향의 중요성

AI 의사 결정 시스템이 도입되면서 일상생활에서 경험하는 공정성과 편향 문제는 새로운 차원으로 확장되고 있다. 과거에는 스포츠 심판의 편향적 판단, 교육 현장에서의 차별, 소비 환경에서의 선입견과 같은 일상적인 맥락에서 주로 논의되었다면 이제는 이러한 편향이 데이터와 알고리즘을 통해 자동화되고, 더욱 광범위하고 일관된 방식으로 작동하고 있다. AI 기술은 인간의 판단을 모방하고 대체하는 과정에서 인간의 편향을 학습하고 이를 증폭하거나 재생산할 위험을 내포하고 있다

(Binns, 2018). 예를 들어 교육 현장에서 교사의 무의식적 편향이 AI 기반 학생 평가 시스템으로 전환되면 특정 지역이나 학교 출신 학생이 불공정한 평가를 받을 가능성이 있다(Gillborn et al., 2018). 또한 채용 과정에서의 선입견이 AI 채용 시스템으로 전환되면서 특정 이름, 성별, 지역 출신 지원자를 체계적으로 배제하는 결과를 초래할 수 있다(Dastin, 2018). 의료 AI 역시 특정 인종이나 성별에 대한 데이터를 제대로 반영하지 못할 경우 잘못된 진단으로 이어질 위험이 크다(Angwin et al., 2016). 이러한 사례는 AI의 공정과 편향 문제가 인간의 삶과 사회 구조에 깊이 영향을 미치는 중요한 윤리적 과제로 부상하고 있음을 보여 준다.

AI 기술이 우리 삶의 많은 영역에 적용됨에 따라 공정성과 편향 문제는 더욱 중요해지고 있다. 이를 설명하는 다섯 가지 이유는 다음과 같다. 첫째, AI 시스템의 결정은 영향력의 규모가 크다. 금융, 의료, 교육, 법률 등 중요한 분야에서 AI는 의사 결정을 지원하거나 직접 결정을 내리며 이는 생존, 기회, 법적 보호와 같은 핵심적인 문제에 영향을 미친다(Noble, 2018).

둘째, AI 시스템은 기존의 사회적 편견을 증폭시킬 가능성이 있다. AI는 주어진 데이터를 학습하여 패턴을 찾

아내는 방식으로 작동하는데, 만약 데이터에 편견이 포함되어 있다면 이를 그대로 학습하고 더 강화할 가능성이 크다. 이는 과거의 차별적 패턴이 현재와 미래에도 지속적으로 재생산되는 결과를 초래한다(Dastin, 2018).

셋째, AI의 결정 과정은 종종 '블랙박스'로 여겨진다. 특히 딥러닝과 같은 복잡한 모델은 특정한 결정을 내린 이유를 설명하기 어려운 경우가 많다. 이는 공정성과 윤리성을 검증하기 어렵게 만들며 개인의 권리와 사회적 신뢰를 약화시키는 요인이 된다(Chouldechova, 2017).

넷째, AI는 인간의 편향보다 더 광범위하고 지속적인 영향을 미칠 수 있다. 인간의 편견은 개인마다 다르고 시간에 따라 변할 수 있지만, AI 시스템의 편향은 일관되게 적용되며 많은 사람에게 동시에 영향을 미친다. 특히 AI 시스템이 널리 사용될수록 그 영향력은 특정 지역이나 계층을 넘어 전 세계적으로 확대될 수 있다(Raji & Buolamwini, 2019).

다섯째, 공정성 문제는 기술적 해결만으로 충분하지 않다. 이는 사회적, 윤리적, 법적 차원의 복잡한 문제로 기술 전문가뿐만 아니라 정책 입안자, 윤리학자, 시민 사회의 협력이 필수다. AI가 단순한 도구를 넘어 사회적 의사 결정을 지원하고 인간과 협력하는 동반자로 자리 잡

으려면 이러한 다각적 접근이 필요하다(Nissenbaum, 2010).

결론적으로 AI 시대의 공정과 편향 문제는 단순히 기술적인 과제에 국한되지 않는다. 이는 우리 사회의 근본적인 가치와 원칙에 대한 문제로 떠오르고 있다. AI가 일상적인 편향을 어떻게 반영하고 이를 어떤 방식으로 극복할 수 있는지 논의하는 것은 공정하고 포용적인 디지털 사회를 구축하는 데 핵심적이다.

참고문헌

김철수(2021a). 『AI 시대의 채용과 공정성』. 서울: 사회과학출판사.

김철수(2021b). 『공정성과 교육정책의 딜레마』. 서울: 교육과사회연구소.

Angwin, J., et al.(2016). Machine bias. *Propublica*.

Binns, R.(2018). Fairness in machine learning: Lessons from political philosophy. Proceedings of the 2018 Conference on Fairness, Accountability, and Transparency (FAT).

Bourdieu, P.(1977). *Outline of a Theory of Practice*. Cambridge University Press.

Boyd, D.(2020). *Fairness and bias in media: The role of algorithms*. Oxford University Press.

Chouldechova, A.(2017). Fair prediction with disparate impact: A study of bias in recidivism prediction instruments. *Big data*, 5(2), 153-163.

Dastin, J.(2018). Amazon scraps secret AI recruiting tool that showed bias against women. Reuters.

Gill, D. L.(2000). *Psychological dynamics of sport and exercise.* Human Kinetics.

Gillborn, D., et al.(2018). QuantCrit: Education, policy, "big data" and principles for a critical race theory of statistics. *Race ethnicity and education,* 21(2), 158-179.

Kahneman, D., et al.(1982). *Judgment under Uncertainty: Heuristics and Biases.* Cambridge University Press.

Nissenbaum, H.(2010). *Privacy in Context: Technology, Policy, and the Integrity of Social Life.* Stanford University Press.

Noble, S. U.(2018). *Algorithms of Oppression: How Search Engines Reinforce Racism.* New York University Press.

Raji, I. D. & Buolamwini, J.(2019). Actionable auditing: Investigating the impact of public audits of AI systems. Proceedings of the 2019 AAAI/ACM Conference on AI, Ethics, and Society.

Rawls, J.(1971). *A Theory of Justice.* Belknap Press of Harvard University Press.

02
AI 시스템에서 편향은 왜 발생하는가?

AI 편향은 단순 기술적 결함이 아니라 데이터와 알고리즘 설계, 사회적 맥락이 복합적으로 얽혀 발생하는 다차원적 문제다. 이는 데이터의 불균형, 알고리즘 설계의 한계, 사회적 불평등의 반영 등 다양한 원인에서 기인하며 결과적으로 AI 시스템이 특정 집단에 불공정한 결과를 초래할 위험을 내포한다. 이 장에서는 AI 편향의 정의와 유형을 살펴보고, 편향이 AI의 생애 주기 전반에 걸쳐 어떻게 형성되는지를 탐구한다. 이러한 고찰은 AI 편향 문제를 이해하고 해결하기 위한 기초를 제공한다.

AI와 MBTI?

기존 연구에서 제시된 정의와 분류

AI 편향은 다양한 연구자들에 의해 정의되었으며 그 범위 또한 여러 측면에서 논의되고 있다. 노블(Noble)은 AI 편향을 "기술이 기존 사회적 불평등을 강화하거나 재생산하는 과정"으로 설명하며 기술적 문제와 사회적 맥락이 어떻게 결합하여 불공정성을 초래하는지에 주목하고 있다(Noble, 2018). 이를 통해 단순히 알고리즘의 성능 문제가 아니라 기술이 사회적 현실을 반영하고 이를 고착화할 수 있다는 점을 강조한다. 한 연구는 AI 편향을 "알고리즘이 특정 집단에 대해 체계적으로 불공정하거나 편파적인 결과를 산출하는 경향"으로 정의하며 이는 데이터와 알고리즘 설계, 그리고 적용 과정에서 발생할 수 있다고 주장한다. 특히 편향이 사회적 불평등을 반영하거나 심화시키는 결과를 초래할 수 있다고 경고한다(Barocas et al., 2019). IBM은 AI 편향을 크게 데이터 편향(Data Bias), 알고리즘 편향(Algorithmic Bias), 사회적 편향(Societal Bias)으로 나누며 각 편향 유형이 구체적으로 AI 결과에 어떤 영향을 미칠 수 있는지 설명한다(IBM, 2020). 데이터 편향은 훈련 데이터세트에 내재된 불균형으로 인해 발생하며, 알고리즘 편향은 특정 목표를 달성하기 위해 설계된 AI 모델이 특정 집단에 불공정한 결과를 초래하는 경우를 포함한다. 사회적 편향은 AI와 사용자의 상호 작용 과정에서 사용자 행동이 편향을 강화하거나 시스템 성능에 영향을 미칠 때 발생한다. 예를 들어 사용자가 특정 유형의 콘텐츠를 반복적으로 클릭하면 AI는 이를 학습하여 특정 유형의 콘텐츠만 더 자주 추천할 가능성이 있다. 또 다른 연구는 AI 편향을 "의도적이거나 비의도적인 편견이 AI 시스템의 개발, 배포, 사용 과정에서 나타나는 현상"으로 정의하며, AI 생애주기 전반에 걸쳐 편향이 발생할 수 있음을 주장한다(Ntoutsi et al., 2020). 구체적으로 데이터 수집 단계의 표본 선택, 알고리즘 설계 과정의 최적화 목표 설정, 결과 해석 및 적용 단계에서 나타날 수 있는 편향을 논의한다.

AI 편향의 범위를 더욱 확장하여 역사적 편향, 표현 편향, 측정 편향 등 스무 가지 이상의 유형을 제시하는 연구에서는 AI 편향이 다차원적이고 복잡한 문제임을 부각하며 사회적, 문화적, 역사적 맥락과 밀접하게 연관되어 있음을 강조한다(Mehrabi et al., 2021). 예를 들어 역사적 편향은 과거의 차별과 불평등이 데이터에 반영되어 AI가 이를 학습하는 과정을 포함한다. 페라라(Ferrara)와 로드(Lord)는 AI 편향을 "AI 시스템이 특정 그룹이나 개인에 대해 체계적으로 불공정하거나 편파적인 결과를 산출하는 현상"으로 정의하며 데이터, 알고리즘 그리고 인간의 상호 작용 등 여러 단계에서 발생할 수 있다고 설명한다(Ferrara & Lord, 2023). 이는 AI 편향이 시스템 개발의 다양한 국면에서 나타날 수 있음을 시사하며 데이터의 불균형과 알고리즘 설계의 한계가 이러한 편향의 주요 요인임을 보여 준다. 예를 들어 데이터가 특정 집단을 과소 대표하거나 과대 대표할 경우 AI는 불공정한 결과를 산출할 가능성이 높아진다.

기존 연구에서 제시된 AI 편향의 정의와 분류는 편향이 단순한 기술적 오류나 설계상의 실수에서 비롯된 것이 아니라 기술과 사회적 맥락이 결합하여 형성되는 복잡하고 다차원적인 문제임을 보여 준다. 특히 데이터, 알고리즘, 그리고 사회적 구조가 상호 작용하며 AI 편향을 만들어 내는 과정은 AI 시스템의 생애 주기 전반에 걸쳐 다양한 방식으로 나타난다. 따라서 3~5장에서는 데이터 편향, 알고리즘 편향, 사회적 편향이라는 주요 요인을 구체적으로 분석하고, 각 요인에서 편향이 어떻게 발생하고 확산되는지 탐구하고자 한다. 한편 AI 편향은 다층적이고 연속적인 과정에서 형성되고 강화되므로, 종합적 관점에서 살펴보는 것이 필요하다. AI 시스템은 사회적 환경과 끊임없이 영향을 주고받으며 작동하기 때문에, 미시적(micro) 차원의 기술적 편향이 거시적(macro) 차원의 사회적 불평등을 강화하는 방식으로 확장될 수 있다. 또한 AI 편향은 기획부터 운영까지 전 과정에서 다양한 방식으로 형성되고 증폭될 수 있다. 이를 효과적으로 해결하기 위해서는 편향이 어떤 경로를 통해 형성되고 확산되는지 면밀히 분석하는 것이 필요하다. 따라서 AI 편향 발생의 메커니즘을 다층적 관점에서 분석하고, AI 시스템이 어떻게 편향을 내재화하며 확산시키는지 살펴보고자 한다.

AI 편향의 다층적 구조와 영향 범위

미시적 편향과 거시적 편향

AI 시스템이 단순한 도구가 아니라 인간 사회의 가치와 구조를 반영하는 기술이라는 점을 고려할 때, AI 편향은 개인 수준에서 발생하는 미시적 편향과 사회 구조적 요인에서 비롯되는 거시적 편향으로 구분할 수 있다(Crawford, 2021). 미시적 편향은 AI 시스템의 설계 과정에서 발생하는 오류나 한계를 의미한다. 예를 들어 AI 채용 시스템이 지원자 이력서를 분석할 때 특정 단어(예: "리더십", "공격적")가 남성 지원자에게 더 유리하게 해석되도록 훈련되었다면 이는 미시적 편향에 해당한다

(Kleinberg et al., 2018). 이처럼 특정 알고리즘이 특정 집단을 유리하거나 불리하게 평가하는 경향이 나타날 경우, 이는 AI 시스템이 편향을 내재화하는 방식이 된다. 반면 거시적 편향은 AI가 특정 사회적 구조와 불평등을 반영하고 재생산하는 방식으로 나타난다. 예를 들어 금융 AI 모델이 신용 평가 점수를 결정할 때 기존의 신용 데이터가 특정 계층(예: 저소득층, 유색 인종)의 금융 접근성을 제한하는 구조적 문제를 반영하고 있다면, AI 시스템도 이를 학습하게 된다(Ntoutsi et al., 2020). 이는 기존의 사회적 불평등이 AI 시스템을 통해 지속되거나 심화될 수 있음을 보여 준다. AI 편향이 미시적 차원과 거시적 차원에서 동시에 작동한다는 점을 고려하면, 이를 해결하기 위해서는 단순한 기술적 조정만으로는 충분하지 않다. AI 시스템이 사회 구조적 불평등을 강화하지 않도록 데이터 수집 과정에서부터 사회적 맥락을 고려해야 하며, AI 설계 단계에서도 다양한 사회적 그룹의 관점을 반영할 필요가 있다(West et al., 2019).

AI 편향의 확산과 피드백 루프

AI 모델이 편향된 데이터를 학습하면, 이 데이터는 이후 새로운 AI 모델에 반영되며 지속적으로 강화된다

(Barocas et al., 2019). 이는 AI 편향이 한 번 발생하면 시간이 지남에 따라 점점 더 심화될 수 있음을 의미한다. AI 시스템이 생성한 결과는 다시 데이터로 활용되며, 새로운 모델이 이 데이터를 학습하는 과정에서 기존의 편향이 재생산되거나 심화되는 현상이 발생한다. 이러한 피드백 루프는 AI 편향을 해결하기 어렵게 만드는 중요한 요인이다(Barocas et al., 2019). 예를 들어 검색 엔진이 특정 유형의 콘텐츠를 지속적으로 추천하는 과정에서 정보 편향이 심화될 수 있다. 사용자가 특정 관점을 지닌 기사를 클릭할수록 검색 엔진은 이와 유사한 기사를 추천하고, 이는 다시 사용자의 정보 소비 패턴을 형성한다. 이러한 과정이 반복되면 검색 엔진 알고리즘은 특정 관점이나 이데올로기를 강화하는 방향으로 최적화될 가능성이 커진다(Bozdag, 2013). 이는 사회적 담론과 개별적인 의사 결정에 영향을 미칠 뿐만 아니라 사회 내 정보 다양성을 저해하는 결과를 초래할 수 있다. 또한 AI 시스템이 채용, 의료, 금융과 같은 민감한 분야에서 활용될 경우, 편향된 결정이 축적되면서 특정 집단에게 지속적인 불이익을 줄 가능성이 크다. 예를 들어 AI 기반 채용 시스템이 특정 인종이나 성별에 불리한 결정을 내린다면, 이 결정이 축적되어 해당 그룹이 노동 시장에 접근

하기 어려운 환경을 조성할 수 있다. 이는 다시 AI 시스템이 학습하는 데이터에 반영되어 편향된 의사 결정이 반복되는 결과를 초래한다(Pandey & Caliskan, 2021). 이러한 피드백 루프를 차단하기 위해서는 AI 시스템의 학습 데이터와 결과를 지속적으로 모니터링하고 편향이 누적되지 않도록 조정하는 메커니즘이 필요하다. 또한 AI 모델이 학습하는 데이터를 다양화하고 AI 시스템의 의사 결정 과정에서 인간의 개입을 강화하는 등의 방법이 필요하다(Hind et al., 2020).

도메인별 편향의 차별성

AI 편향은 모든 분야에서 동일한 방식으로 나타나는 것이 아니라 도메인별로 각기 다른 형태를 가지며 그 영향 또한 다르게 작용한다. 금융, 의료, 교육, 법률 등에서 AI가 활용되는 방식이 다르기 때문에 각 분야에서 발생하는 편향도 차별적인 양상을 띤다. 예를 들어 금융 AI 모델에서 편향이 발생하면 특정 계층이 신용 평가에서 불리한 결과를 받을 수 있다(Mehrabi et al., 2021). 기존 금융 데이터가 특정 인구 집단(예: 저소득층, 신용 이력 부족자)에 대해 부정적인 평가를 내리는 방식으로 구성되어 있다면, AI 모델도 이를 학습하여 차별적인 신용 평가를 수행할 가능성이 높아진다. 반면 의료 AI에서의 편향은 특정 인구 집단에 대한 진단 오류로 이어질 수 있다. 피부암 진단 AI가 백인 환자의 피부 데이터만을 중심으로 훈련되었을 경우, 유색 인종 환자의 피부 질환을 정확하게 진단하지 못할 가능성이 높아진다(Obermeyer et al., 2019). 이는 의료 AI의 정확성과 신뢰성을 저하시킬 뿐만 아니라 건강 불평등을 심화시키는 요인이 될 수 있다. 교육 분야에서도 AI 편향은 중요한 문제로 부각된다. AI 기반 학생 평가 시스템이 특정 사회 경제적 배경을 가진 학생에게 불리한 결과를 초래할 경우 교육 기회의 불평등을 야기할 가능성이 있다(Feathers, 2019). 예를 들어 표준화된 시험 점수를 기준으로 학생을 평가하는 AI 시스템이 있다면, 특정 문화적 배경을 가진 학생이 불리한 결과를 받을 수 있다. 이처럼 AI 편향은 도메인별로 서로 다른 방식으로 나타나며 각 분야에서 편향을 감지하고 해결하기 위한 맞춤형 접근이 필요하다. 이를 위해서는 도메인별 AI 활용 방식과 편향 발생 경로를 분석하고, 해당 분야의 윤리적 기준과 공정성 원칙을 반영한 AI 설계가 이루어져야 한다.

AI 편향의 발생 메커니즘과 경로

AI 시스템 개발 단계별 편향 발생 가능성

AI 시스템에서 발생하는 편향은 단일한 원인이 아닌 여러 경로를 통해 유입되고 증폭되며, 시스템의 전체 생애주기에 걸쳐 나타난다(Mehrabi et al., 2021). AI 시스템 개발 과정은 일반적으로 기획, 설계, 개발, 검증, 운영 다섯 가지 주요 단계로 구분되며 각 단계마다 편향이 유입될 수 있는 지점이 존재한다.

기획 단계: 문제 정의와 목표 설정의 편향

AI 시스템 개발의 첫 단계인 기획 단계에서는 문제를 정의하고 시스템의 목표를 설정하는 과정에서 편향이 발생할 수 있다(Ntoutsi et al., 2020). 특히 문제 정의 과정에서 특정 관점이나 가치가 과도하게 반영되면, 시스템이 특정 집단에 유리하거나 불리하게 작용할 가능성이 높아진다. 예를 들어 AI 기반 채용 시스템을 개발할 때 기업이 "가장 성공적인 기존 직원의 특성을 반영한 지원자 추천"을 목표로 설정한다면 기존 조직의 성별, 인종, 교육적 배경에 따른 편향이 유지되거나 강화될 가능성이 크다. 이는 사회적 불평등을 재생산하는 결과를 초래할 수 있으며, 공정성 기준을 고려하지 않는 경우 AI 시스템이 특정 집단을 배제하는 방향으로 작동할 위험이 있다.

설계 단계: 데이터 선택과 전처리 과정의 편향

설계 단계에서는 AI 모델이 학습할 데이터를 수집하고 전처리하는 과정에서 편향이 발생할 수 있다. 데이터 편향은 AI 시스템의 공정성에 직접적인 영향을 미치며, 특정 인구 집단이 과소 대표되거나 특정 속성이 과대 대표될 경우 편향된 모델이 생성될 수 있다(Mehrabi et al., 2021). 또한 데이터 정제 과정에서 민감한 속성(예: 성별, 인종 등)을 삭제하는 방식으로 편향을 줄이려고 하면 오히려 데이터 간의 중요한 관계성이 손실될 수도 있다. 따라서 설계 단계에서는 데이터의 대표성과 균형성을 확보하는 것이 필수다.

개발 단계: 알고리즘 설계와 구현 과정의 편향

개발 단계에서는 AI 모델이 학습하는 방식과 알고리즘이 특정 패턴을 학습하는 과정에서 기술적 편향이 도입될 수 있다. 알고리즘의 구조와 학습 방식이 특정 유형의 데이터에 최적화되어 있다면 특정 집단이나 특성을 과대 또는 과소평가하는 결과를 불러올 수 있다(Barocas et al., 2019).

검증 단계: 평가 지표와 테스트 데이터의 편향

검증 단계에서는 AI 모델의 성능을 평가하고, 실제 데이터에 대한 테스트를 수행하는 과정에서 편향이 발생할 수 있다(Holstein et al., 2019). 이 단계에서 사용되는 평가 지표(metric)가 특정 그룹에 유리하거나 불리하게 작용할 경우, AI 시스템이 불공정한 결과를 산출할 가능성이 높아진다. 예를 들어 얼굴 인식 AI의 성능을 평가할 때 모델의 정확도를 측정하는 기준이 백인 남성 얼굴을 중심으로 설정되어 있다면, 여성이나 유색 인종에 대한 인식 정확도가 상대적으로 낮아질 수 있다. 또한 검증을 위해 사용되는 테스트 데이터가 학습 데이터와 동일한 편향을 내포하고 있다면, 모델의 성능을 객관적으로 평가하기 어려워지며 편향된 결과를 보정할 기회를 놓칠 위험이 크다.

운영 단계: 실제 환경에서의 편향 강화

AI 시스템이 실제 환경에서 작동하는 운영 단계에서도 새로운 편향이 나타날 수 있다. AI는 사용자와 상호 작용을 통해 지속적으로 학습하며, 이 과정에서 기존 편향이 강화되거나 새로운 편향이 발생할 가능성이 있다(Hind et al., 2020). 예를 들어 AI 추천 시스템이 사용자의 클릭

패턴을 기반으로 콘텐츠를 제공하는 경우, 특정 관점이나 정보가 지속적으로 노출되면서 필터 버블(filter bubble)과 정보 편향이 심화될 수 있다. 또한 운영 단계에서 AI 시스템이 특정 사용자 그룹의 피드백을 더 많이 반영하는 방식으로 설계될 경우, AI가 사회적 소수자의 목소리를 충분히 반영하지 못하는 문제가 발생할 수도 있다.

의도적 편향과 비의도적 편향의 구분

AI 시스템에서 발생하는 편향은 그 의도와 목적에 따라 의도적 편향(intentional bias)과 비의도적 편향(unintentional bias)으로 구분하기도 한다. 의도적 편향은 특정 목표를 달성하기 위해 개발자가 의식적으로 설계하는 경우이며, 비의도적 편향은 무의식적으로 발생하거나 예상하지 못한 방식으로 AI 시스템에 내재되는 경우다(Richardson & Kak, 2023).

의도적 편향: 목적 중심 설계

의도적 편향은 특정 목적을 달성하기 위해 AI 시스템에 전략적으로 포함되는 편향을 의미한다. 이는 주로 맞춤형 서비스, 시장 분석, 정책 실행 등에서 활용되며 특정 인구 집단을 대상으로 한 맞춤형 광고나 추천 시스템에서 자주 나타난다(Howard & Borenstein, 2023). 예를 들어 온라인 마케팅 플랫폼에서 특정 연령대나 소득 수준을 가진 소비자를 타기팅(targeting)하기 위해 광고 노출 빈도를 조정하는 알고리즘이 개발될 수 있다. 이는 마케팅 효과를 극대화하고 소비자의 관심사에 맞춘 광고를 제공하는 긍정적인 역할을 할 수 있지만, 동시에 특정 집단을 배제하거나 불공정한 결과를 초래할 수도 있다. 또한 정책적 의도로 의도적 편향을 도입하기도 한다. 예를 들어 범죄 예방 AI 시스템이 특정 지역에서의 범죄율을 기반으로 경찰 순찰 경로를 최적화하도록 설계될 수 있다. 그러나 이 과정에서 특정 인종이나 계층이 거주하는 지역이 과도하게 감시 대상으로 지정될 위험이 있으며, 이는 사회적 불평등을 심화시킬 수 있다(Barocas et al., 2019).

비의도적 편향: 기술적 한계와 사회적 구조의 반영

비의도적 편향은 개발자가 의도하지 않았음에도 불구하고 AI 시스템에 내재되거나 운영 과정에서 발생하는 편향을 의미한다. 이는 주로 데이터 수집의 한계, 알고리즘 설계의 미흡함, 사회적 불평등이 시스템에 반영되는 방식에서 기인한다(Howard & Borenstein, 2023). 여기에는 AI 기반 채용 시스템에서 특정 직업군의 데이터가 과거 남성 중심으로 형성되어 있어 AI 모델이 여성 지원자에게 불리한 평가를 주었던 사례(Noble, 2018), AI 모델이 학습한 데이터에 백인 남성의 얼굴이 더 많이 포함되어 있어 개발자가 의도하지 않았음에도 시스템이 특정 인구 집단을 차별하는 사례 등이 대표적이다(Buolamwini & Gebru, 2018).

의도적 편향과 비의도적 편향은 명확하게 구분되기도 하지만 경우에 따라서는 경계가 모호할 수도 있다. 예를 들어 신용 평가 모델에서 특정 소득 수준을 기준으로 대출 승인 여부를 결정하는 알고리즘이 있다고 가정하자. 금융 기관 입장에서는 신용 리스크를 줄이기 위한 의도적 편향일 수 있지만, 사회적 관점에서는 신용 이력이 부족한 저소득층에게 불이익을 주는 비의도적 편향으로 작용할 수 있다(Fuster et al., 2022). 따라서 AI 시스템을 설계할 때는 단순히 편향을 줄이는 것뿐만 아니라 의도된 목적이 사회적으로 정당한지를 검토하는 과정이 필요하다. AI 시스템에서 발생하는 편향은 의도적일 수도 있고 비의도적일 수도 있다. 의도적 편향은 특정 목표를 달성하기 위해 전략적으로 설계되며 마케팅, 신용 평가, 보안 시스템 등에서 활용된다. 반면 비의도적 편향은 데이터 수집의 한계, 알고리즘의 미흡한 설계, 사회적 불평등이 반영되는 과정에서 발생한다. 문제는 이러한 편향이 AI 시스템의 결과에 중대한 영향을 미치며 특정 집단에게 지속적인 불이익을 줄 수 있다는 점이다. 따라서 AI 개발자와 정책 결정자는 AI 시스템이 의도적이든 비의도적이든 공정성을 유지할 수 있도록 지속적으로 모니터링하고 개선해야 한다. 편향을 완전히 제거하는 것은 어렵지만 이를 인식하고 적극적으로 관리하는 것이 AI의 신뢰성과 공정성을 높이는 핵심적인 전략이 될 것이다.

참고문헌

Barocas, S., et al.(2023). *Fairness and machine learning: Limitations and opportunities.* MIT Press. https://doi.org/10.7551/mitpress/14621.001.0001

Bozdag, E.(2013). Bias in algorithmic filtering and personalization. *Ethics and information technology*, 15(3), 209-227. https://doi.org/10.1007/s10676-013-9321-6

Buolamwini, J. & Gebru, T.(2018). Gender shades: Intersectional accuracy disparities in commercial gender classification. *Proceedings of machine learning research*, 81, 77-91. https://doi.org/10.1145/3287560.3287593

Cirillo, D., et al.(2020). Beyond bias and discrimination: redefining the AI ethics principle of fairness in healthcare machine-learning algorithms. *Artificial intelligence in medicine*, 108, 101995.

Crawford, K.(2021). *Atlas of AI: Power, politics, and the planetary costs of artificial intelligence.* Yale University Press.

Dastin, J.(2018). Amazon scraps secret AI recruiting tool that showed bias against women. Reuters. https://doi.org/10.1038/d41586-018-07446-2

Feathers, T.(2019). The biased algorithm that shows up in the school classroom. *The atlantic.*

Ferrara, E. & Lord, A.(2023). AI bias: Definition and implications. *Journal of artificial intelligence ethics*, 5(2), 112-130. https://doi.org/10.1007/s43681-023-00289-2

Fuster, A., et al.(2022). Predictably unequal? The effects of machine learning on credit markets. *The journal of finance*, 77(1), 5-47. https://doi.org/10.1111/jofi.13090

Hagendorff, T. & Meding, K.(2023). Rolling in the deep of cognitive and AI biases. *AI and ethics*, 3(1), 249-262.

Hind, M., et al.(2020). AI transparency and accountability: Bridging the gap between principles and practices. *IBM journal of research and development*, 64(1/2), 2:1-2:10. https://doi.org/10.1147/JRD.2019.2942288

Holstein, K., et al.(2019). Improving fairness in machine learning systems: What do industry practitioners need? Proceedings of the 2019 CHI Conference on Human Factors in Computing Systems, 1-14. https://doi.org/10.1145/3290605.3300830

Howard, A. & Borenstein, J.(2023). Enlarging the model of the human at the heart of human-centered AI: A social

self-determination model of AI system impact. *AI and ethics*, 3(2), 543-557.
https://doi.org/10.1007/s43681-023-00289-2

Kleinberg, J., et al.(2018). Discrimination in the age of algorithms. *Journal of legal studies*, 46(2), 1-43.
https://doi.org/10.1086/705201

Mehrabi, N., et al.(2021). A survey on bias and fairness in machine learning. *ACM computing surveys*, 54(6), 1-35.
https://doi.org/10.1145/3457607

Noble, S. U.(2018). *Algorithms of oppression: How search engines reinforce racism*. NYU Press.
https://doi.org/10.2307/j.ctt1pwt9w5

Ntoutsi, E., et al.(2020). Bias in machine learning: Challenges and solutions. *Information processing & management*, 57(2), 102-117. https://doi.org/10.1016/j.ipm.2019.102117

Obermeyer, Z., et al.(2019). Dissecting racial bias in an algorithm used to manage the health of populations. *Science*, 366(6464), 447-453.
https://doi.org/10.1126/science.aax2342

Pandey, G. & Caliskan, A.(2021). Disparate impact of AI models in ride-sharing platforms. Proceedings of the AAAI Conference on Human-Centered AI, 5(1), 101-110.
https://doi.org/10.1609/hcai.v5i1.356

Richardson, R. & Kak, A.(2023). Conservative AI and social inequality: Conceptualizing alternatives to bias through social theory. *Big data & society*, 10(1).
https://doi.org/10.1177/20539517231162738

West, S. M., et al.(2019). Discriminating systems: Gender, race, and power in AI. AI Now Institute.

03
데이터 편향

AI의 공정성 문제는 종종 데이터 편향에서 시작된다. AI가 학습하는 데이터가 불완전하거나 특정 집단을 과소 혹은 과대 대표하면 그 결과 역시 불공정하게 나타날 수 있다. 데이터 편향은 AI 설계 초기 단계에서 반드시 해결해야 할 주요 과제다. 이를 극복하기 위한 투명하고 균형 잡힌 데이터 구축이 필수다.

AI와 난임 극복?

데이터 편향이란 무엇인가?

AI는 데이터를 기반으로 학습하고 의사 결정을 내리는 시스템이다. 그러나 데이터가 완벽하지 않을 경우 학습 과정에서 발생하는 오류가 AI 모델에 그대로 반영되어 편향된 결과를 초래한다. 데이터 편향은 데이터가 특정 집단이나 속성을 제대로 대표하지 못하거나 수집 및 처리 과정에서 특정 경향성을 포함할 때 발생하며, 이는 AI 시스템의 공정성과 신뢰성을 심각하게 저해한다(Mehrabi et al., 2021). 특히 AI 모델의 훈련 및 미세 조정 과정에서 데이터세트에 내재된 편향이 모델의 행동에 부정적인 영향을 미칠 수 있으며, 이는 AI 개발 초기 단계부터 오류가 발생할 가능성을 시사한다(Barocas & Selbst, 2016). 예를 들어 샘플링 편향이나 역사적 편향이 포함된 데이터로 AI 모델을 훈련하면 특정 그룹이나 개인을 불공정하게 대표하거나 차별하는 왜곡된 출력이 나타날 수 있다(Ntoutsi et al., 2020). 이러한 데이터 편향은 AI 편향의 출발점으로 작용하며 결과적으로 AI와 이를 사용하는 조직에 대한 신뢰를 약화시키고, 법적 및 규제적 문제를 초래할 위험을 증가시킨다(Olhede & Wolfe, 2018).

데이터 편향의 유형

데이터 편향은 수집, 처리, 학습 과정에서 다양한 형태로 나타난다. 주요 유형은 다음과 같다.

첫째, 샘플링 편향(Sampling Bias)이다. 샘플링 편향은 데이터 수집 과정에서 표본이 전체 모집단을 정확히 대표하지 못할 때 발생한다. 예를 들어 새로운 제품의 미래 판매를 예측하기 위해 제품 구매자 중 이메일에 가장 먼저 응답한 200명만을 대상으로 설문 조사를 진행한다면 평균보다 제품에 열정적인 소비자들만 과대 대표될 수 있다. 이처럼 적절한 무작위화가 이루어지지 않으면 특정 집단이나 속성이 과소 또는 과대 대표될 위험이 있다. 한 연구는 상업용 얼굴 인식 시스템에서 흑인 여성의 인식 정확도가 백인 남성보다 현저히 낮은 문제를 지적했다(Buolamwini & Gebru, 2018). 이는 얼굴 인식 데이터가 주로 백인의 얼굴로 구성되었기 때문에 발생한 샘플링 편향의 전형적인 사례다. 또한 의료 AI 알고리즘이 흑인 환자의 건강 요구를 과소평가한 사례를 제시한 연구가 있다(Gulamali et al., 2023). 이 연구에서는 비용 데이터를 건강 상태의 대리 변수로 사용하면서 발생한 샘플링 편향이 문제의 원인으로 지목되었다. 더불어 2024년 모슬리 AI(Mostly AI)의 보고서에 따르면 구글

혐오 발언 탐지 알고리즘 퍼스펙티브(Perspective)는 흑인 미국인의 언어 패턴에 대해 편향된 결과를 보였다. 이는 훈련 데이터에 흑인 커뮤니티의 언어 패턴이 충분히 반영되지 않은 샘플링 편향 사례다. 또 다른 연구는 스테이블 디퓨전(Stable Diffusion)과 같은 이미지 생성 AI 모델이 고소득 전문직 이미지에서 여성을 과소 대표하고, 저임금 노동자 및 범죄자 이미지에서 피부색이 어두운 사람을 과대 대표하는 문제를 발견했다(Smith et al., 2024). 이는 사회적으로 편향된 데이터 구성으로 인한 결과로, AI 모델이 특정 집단을 불공정하게 표현할 가능성을 시사한다.

둘째, 역사적 편향(Historical Bias)이다. 역사적 편향은 데이터 수집 당시의 사회적 불평등이나 차별이 데이터에 반영되어 AI가 이를 학습하고 결과적으로 편향된 결정을 내릴 때 발생한다. 이는 데이터 수집 시점의 사회적 맥락과 AI 시스템이 인코딩하려는 현재의 가치나 목표 간의 불일치에서 비롯된다. 예를 들어 1930년대 미국 연방주택청(FHA, Federal Housing Administration)의 대출 보증 프로그램은 백인 가족에게만 저금리 주택 담보 대출 혜택을 제공하며 흑인 가족을 배제했다(Rothstein, 2017). 이러한 차별적 정책은 레드라이닝

(Redlining)이라는 관행으로 실행되었으며, 연방주택소유자대출공사(HOLC, Home Owners' Loan Corporation)가 만든 색깔 코드 지도에서 유색 인종 거주 지역을 '빨간색'으로 표시하고 해당 지역에 대한 대출을 제한하거나 거부했다. 이러한 관행은 1960년대까지 지속되며 흑인 가구가 주택 구매와 자산 축적의 기회를 잃게 만들었다. 1968년 「공정주택법(Fair Housing Act)」이 제정되어 주택 차별을 금지했지만 차별적 관행의 여파는 여전히 데이터에 남아 있었다(Massey & Denton, 1993). 이러한 데이터는 AI 모델이 학습하는 과정에서 과거의 불평등한 사회 구조를 반영하거나 재생산하는 결과를 초래할 수 있다.

또 다른 사례로는 아마존의 AI 채용 시스템이 있다. 2018년 아마존은 지원자 이력서를 평가하기 위해 AI 기반 채용 시스템을 도입했으나, 이 시스템은 여성 지원자를 불리하게 평가하는 성차별적 결과를 낳았다(Dastin, 2018). 이는 과거 10년 동안의 채용 데이터를 학습한 결과로, 해당 데이터는 기술직 채용에서 남성 지원자를 선호하는 경향을 포함하고 있었다. AI는 특정 단어를 '남성적'으로 간주하고 여성 관련 활동이나 경험이 포함된 이력서를 자동으로 낮은 점수로 평가했다. 해당 사건은 과거 데이터에 내재된 편향이 AI 알고리즘에 직접적으로 반영된 대표적인 사례다. 아마존은 이후 해당 시스템을 중단했지만, 이는 데이터 편향을 해결하지 않고 AI를 도입할 경우 발생할 수 있는 심각한 문제를 보여 준다.

셋째, 측정 편향(Measurement Bias)은 데이터가 실제 현상을 정확히 반영하지 못할 때 발생한다. 이는 데이터를 측정하거나 수집하는 과정에서 사용된 도구나 방법 자체에 편향이 있을 경우, 부정확하거나 왜곡된 데이터가 포함되는 상황을 말한다. 이러한 편향은 데이터의 값이나 레이블이 잘못 측정되거나 수집 과정에서 의도적으로 왜곡될 때 나타날 수 있다.

한 연구에 따르면, 미국에서 약 2억 명의 환자에게 사용된 건강 위험 예측 알고리즘이 인종적 편향을 보였다(Obermeyer et al., 2019). 이 알고리즘은 의료비 지출을 건강 상태의 지표로 사용했는데, 이는 흑인 환자의 의료 필요성을 과소평가하는 결과를 낳았다. 구체적으로 이 알고리즘은 동일한 건강 상태의 흑인 환자보다 백인 환자가 추가 치료를 받을 가능성이 더 높다고 판단했다. 실제로 알고리즘이 추가 치료가 필요하다고 판단한 환자 중 흑인은 17.7%에 불과했지만, 편향이 없었다면 이 비율은 46.5%에 달했을 것이라고 연구는 밝혔다.

이러한 편향의 원인은 알고리즘이 의료비 지출을 건강 상태의 대리 지표로 사용했기 때문이다. 역사적으로 의료 서비스에 대한 접근성이 낮았던 흑인 환자의 의료비 지출이 상대적으로 적었고, 이로 인해 알고리즘은 흑인 환자가 더 건강하다고 잘못 판단했다. 이 사례는 의료 AI 시스템에서 측정 편향이 어떻게 발생하고 그 결과가 얼마나 심각할 수 있는지 보여 준다.

의료 데이터에서 특정 환자 그룹의 데이터가 충분히 수집되지 않거나 잘못 기록될 경우, AI는 위의 사례처럼 특정 그룹의 상태를 과소평가하거나 오진할 수 있으며 이는 실제 현상을 부정확하게 반영하게 만들고 AI 모델의 성능과 신뢰성을 심각하게 저해할 수 있다. 이는 AI 편향 문제가 단순한 기술적 문제를 넘어 의료 서비스의 공정성과 접근성에 중대한 영향을 미칠 수 있는 윤리적 문제임을 시사한다.

마지막으로 전처리 편향(Preprocessing Bias)은 AI 시스템이 데이터를 학습하기 전, 데이터를 정리하고 변환하는 과정에서 발생하는 편향을 의미한다. 데이터를 더 "정돈되고 활용 가능하게" 만들기 위해 수행되는 전처리 작업은 의도치 않게 데이터의 본질적 특성을 왜곡하거나 손상시킬 위험이 있다(Barocas & Selbst, 2016). 예를 들어 의료 데이터를 AI 모델에 입력하기 전 누락된 데이터를 삭제하는 전처리 작업을 수행할 경우, 누락된 데이터가 주로 고령 환자에게서 발생했다면, 전처리 과정에서 고령 환자에 대한 정보가 크게 줄어들게 된다. 이는 AI 모델이 고령 환자의 특성을 충분히 학습하지 못하게 만들며 결과적으로 부정확하거나 불공정한 결론으로 이어질 수 있다.

이러한 전처리 편향은 데이터 왜곡이 AI 모델의 학습 과정에 직접 영향을 미친다는 점에서 심각한 문제로 간주된다. 이를 방지하기 위해 데이터 전처리 단계에서는 각 작업이 데이터의 본질적 특성을 유지하고 AI 모델의 공정성과 신뢰성을 보장할 수 있도록 신중하게 설계되어야 한다(Mehrabi et al., 2021). 자연어 처리(NLP, Natural Language Processing) 모델에서도 성별 편향을 제거하기 위한 전처리 작업이 새로운 편향을 초래할 수 있다(Sun et al., 2019). 예를 들어 "간호사는 그녀의 업무에 열중했다"라는 문장에서 성별 관련 단어인 "그녀의"를 삭제하면 "간호사는 업무에 열중했다"로 변환된다. 이 과정에서 간호사라는 직업과 여성이라는 성별의 연관성이 제거되지만 동시에 중요한 맥락 정보도 함께 사라질 수 있다. 이러한 전처리는 모델이 "간호사"를 성별 중립적 직업으로 인식하게 만들 수 있지만, 실제 데이터에 존재하는 성별 불균형(예: 간호사 직종에서 여성의 높은 비율)을 반영하지 못하게 되어 현실과 괴리된 결과를 불러올 수 있다. 또한 단순한 전처리 작업이 의도와는 달리 모델의 성능을 저하시키거나 새로운 형태의 편향을 만들어 낼 수 있다. 단어 임베딩(word embeddings)에서 성별 편향을 제거하려는 시도가 의도치 않은 다른 편향을 생성할 수 있음을 보여 준 사례가 있다(Bolukbasi et al., 2016). 따라서 데이터 전처리 과정에서는 단순히 특정 단어를 삭제하거나 수정하는 접근법 대신 데이터의 맥락과 특성을 고려한 세심한 설계와 평가가 필요하다.

참고문헌

Barocas, S. & Selbst, A. D.(2016). Big data's disparate impact. *California law review*, 104(3), 671-732.

Barocas, S., et al.(2019). *Fairness and machine learning: Limitations and opportunities.* MIT Press.

Binns, R.(2018). Fairness in machine learning: Lessons from political philosophy. Proceedings of the 2018 Conference on Fairness, Accountability, and Transparency(FAT).

Bolukbasi, T., et al.(2016). Man is to computer programmer as woman is to homemaker? Debiasing word embeddings. *Advances in neural information processing systems*, 29, 4349-4357.

Buolamwini, J. & Gebru, T.(2018). Gender shades: Intersectional accuracy disparities in commercial gender classification. Proceedings of the 1st Conference on Fairness, Accountability, and Transparency(FAT), 77-91.

Dastin, J.(2018). Amazon scraps secret AI recruiting tool that showed bias against women. Reuters. https://www.reuters.com/article/us-amazon-com-jobs-automation-insight-idUSKCN1MK08G

Ferrara, E. & Lord, S.(2023). AI ethics and bias in machine learning systems: A critical review. *AI & society.*

Gulamali, F., et al.(2023). Addressing racial bias in healthcare AI: Challenges and opportunities. *Journal of medical informatics*, 30(4), 225-239.

Massey, D. S. & Denton, N. A.(1993). *American apartheid: Segregation and the making of the underclass.* Harvard University Press.

Mehrabi, N., et al.(2021). A survey on bias and fairness in machine learning. *ACM computing surveys* (CSUR), 54(6), 1-35.

Mostly AI(2024). *Bias in AI: The case of Google Perspective and hate speech detection.* Mostly AI White Paper Series.

Noble, S. U.(2018). *Algorithms of oppression: How search engines reinforce racism.* New York University Press.

Ntoutsi, E., et al.(2020). Bias in data-driven artificial intelligence systems—An introductory survey. *Wiley interdisciplinary reviews: data mining and knowledge discovery*, 10(3), e1356.

Obermeyer, Z., et al.(2019). Dissecting racial bias in an algorithm used to manage the health of populations. *Science*, 366(6464), 447-453.

Olhede, S. C. & Wolfe, P. J.(2018). The growing ubiquity of algorithms in society: implications, impacts and innovations. *Philosophical transactions of the royal society a: mathematical, physical and engineering sciences*, 376(2128), 20170364.

Rothstein, R.(2017). *The color of law: A forgotten history of how our government segregated America.* Liveright Publishing.

Smith, A., et al.(2024). Ethical challenges in generative AI: A study on stable diffusion models. *AI ethics review*, 12(1), 45-58.

Sun, T., et al.(2019). Mitigating gender bias in natural language processing: Literature review. arXiv preprint arXiv:1906.08976.

04
알고리즘 편향

알고리즘은 데이터를 바탕으로 결정을 내리지만 설계 자체에서 발생하는 편향을 무시할 수 없다. 알고리즘 편향은 특정 집단이나 개인에게 불공정한 결과를 초래하며, 이는 사회적 불평등을 심화시킬 위험이 있다. 이러한 편향을 인식하고 개선하려는 노력은 AI의 신뢰성과 공정성을 보장하는 데 필수다.

AI와 사주?

알고리즘 편향이란 무엇인가?

알고리즘 편향은 AI 시스템이 데이터를 처리하고 의사결정을 내리는 과정에서, 알고리즘 자체의 설계나 작동 방식으로 인해 특정 집단이나 개인에게 불리하거나 불공정한 결과를 초래하는 현상을 말한다(Barocas & Selbst, 2016). 이는 데이터 편향과 밀접하게 연관되어 있지만 본질적으로 구분되는 문제다. 데이터 편향이 주로 학습에 사용되는 데이터 자체의 문제(예: 특정 그룹의 과소 또는 과대 대표)에서 비롯되는 반면, 알고리즘 편향은 데이터를 처리하고 해석하는 알고리즘의 설계나 학습 과정에서 발생한다(Mehrabi et al., 2021). 예를 들어 채용 AI가 과거 성차별적 데이터를 학습해 여성 지원자를 불리하게 평가했다면 이는 데이터 편향이다. 반면, 알고리즘이 특정 표현(예: "리더십", "팀워크")을 남성 지원자에게 더 긍정적으로 평가하도록 설계되었다면 이는 알고리즘 편향이다.

이러한 알고리즘 편향은 목표 설정 단계에서 효율성이나 수익성을 우선시함으로써 공정성을 희생시킬 수 있으며, 최적화 과정에서는 특정 요소에 과도한 가중치를 부여함으로써 특정 집단에게 불리한 결과를 가져올 수 있다(Kleinberg et al., 2018). 또한 학습 데이터의 불균형이나 설계자의 무의식적 편견이 반영될 경우, 알고리즘 편향이 심화될 가능성이 크다.

알고리즘 편향은 다양한 사례를 통해 그 심각성이 드러난다. 구글 번역기의 성별 편향 사례는 성 중립적 언어를 번역할 때 성별 고정 관념을 반영한다는 점에서 주목할 만하다. 예를 들어 터키어에서 영어로 번역할 때 "o는 의사다(o is a doctor)"는 "그는 의사다(he is a doctor)"로, "o는 간호사다(o is a nurse)"는 "그녀는 간호사다(she is a nurse)"로 번역되는 경향이 있다. 이는 특정 직업에 대한 성별 고정 관념을 강화할 위험이 있다(Prates et al., 2020). 또 다른 사례로 우버와 리프트 가격 책정 알고리즘이 있다. 2020년 시카고에서 비백인 인구가 많은 지역의 하차 지점에 대해 더 높은 요금이 책정되었다. 이는 알고리즘이 의도치 않게 특정 인종이나 지역을 차별하는 결과를 초래했음을 보여 준다(Pandey & Caliskan, 2021).

이미지 생성 AI인 미드저니(MidJourney)도 편향 문제에서 자유롭지 못하다. 2024년 연구에서는 미드저니가 생성한 이미지에서 성별, 인종, 계급, 연령에 대한 편향이 발견되었다. 특히 전문직 이미지를 생성할 때 나이 든 전문가는 대부분 남성으로 묘사되었고, 이는 직장 내 여성에 대한 고정 관념을 강화하는 결과를 낳았다. 이러한 사례는 AI 알고리즘이 사회적 편견과 불평등을 그대로 반영하거나 심화시킬 수 있음을 명확히 드러낸다(Smith et al., 2024).

알고리즘 설계 및 학습 과정에서의 편향

알고리즘 편향은 다양한 형태로 나타난다. 첫째, 목표 설정 과정에서 발생할 수 있다. 알고리즘이 특정 목표를 달성하기 위해 설계될 때 공정성보다는 효율성, 수익성, 또는 특정 성능 지표가 우선시될 경우 특정 집단에 불리한 결과를 초래할 수 있다(Barocas & Selbst, 2016). 예를 들어 채용 AI가 "높은 성과"를 목표로 설정했을 경우 과거의 데이터에서 남성 지원자가 높은 성과를 기록한 경향이 반영되어 여성 지원자를 낮게 평가하는 문제가 발생할 수 있다. 이는 목표 설정 단계에서 공정성과 성과 간의 균형을 고려하지 않아 특정 성별이나 집단을 불리하게 만드는 사례다.

둘째, 최적화 기준에서도 편향이 발생할 수 있다. 알고리즘 학습 과정에서 어떤 지표를 최적화할지 선택하는 방식에 따라 결과의 공정성이 달라질 수 있다(Kleinberg et al., 2018). 민감한 속성(예: 성별, 인종 등)

을 배제한 채 단일 성능 지표를 중심으로 최적화가 이루어진다면 특정 집단에 대한 불공정한 결과가 산출될 가능성이 높아진다. 컴퍼스(COMPAS, 범죄 예측 알고리즘)의 사례는 이러한 문제를 명확히 보여 준다. 컴퍼스는 재범 가능성을 예측할 때 체포 기록과 같은 변수를 과도하게 강조하여 흑인 피의자의 재범 위험을 과대평가하고 백인 피의자의 위험은 과소평가했다. 이는 최적화 기준 설정이 특정 집단에 대한 불공정한 결과를 초래할 수 있음을 나타내는 사례다(Angwin et al., 2016).

셋째, 학습 과정에서의 구조적 문제도 편향을 강화할 수 있다. 알고리즘은 데이터를 학습하면서 특정 패턴을 인식하고 이를 일반화하는데, 데이터의 불균형이나 알고리즘 설계 방식이 특정 집단에 불리한 결과를 유도할 수 있다(Buolamwini & Gebru, 2018). 예를 들어 얼굴 인식 알고리즘이 백인 중심 데이터로 학습한 경우 흑인이나 아시아인의 얼굴을 인식하는 데 낮은 정확도를 보이는 문제가 발생했다. 이는 학습 데이터가 모든 인구를 대표하지 못했기 때문이며 결과적으로 특정 집단에 불이익이 발생하게 된다.

AI 윤리 원칙 간 상충 관계

AI 알고리즘 설계 과정에서는 다양한 목표와 기준 사이에서 균형을 맞추는 것이 중요한 과제다. 공정성, 효율성, 견고성, 책임성, 투명성, 안전성, 신뢰성, 개인 정보 보호 등 AI 윤리의 기본 원칙들은 설계와 구현 단계에서 의도치 않게 서로 상충될 수 있다(Kleinberg et al., 2018). 이로 인해 불가피한 상충 관계(trade-off)가 발생하며, 특정 원칙을 강화하면 다른 원칙이 희생되는 경우가 있다.

예를 들어 공정성을 높이기 위한 노력은 때로 알고리즘의 전반적인 성능이나 효율성을 저하시킬 수 있다(Chouldechova & Roth, 2020). 채용 AI 시스템에서 성별 균형을 맞추기 위해 추가적인 제약을 도입하면 전체적인 예측 정확도가 낮아질 수 있다. 반대로 효율성을 지나치게 강조할 경우 특정 집단에 불공정한 결과를 초래할 위험이 있다. 대출 심사 알고리즘이 상환 가능성만을 기준으로 작동하면 역사적으로 불이익을 받아 온 집단에 대한 차별이 더욱 고착화될 수 있다.

개인 정보 보호와 공정성 간에도 균형이 필요하다(Dwork & Mulligan, 2013). 개인 정보 보호를 강화해 시스템의 익명성을 높이면 보안에 용이하고 프라이버시가 향상되지만, 공정성을 보장하기 위한 데이터 투명성은 낮아질 수 있다. 이러한 경우, 프라이버시를 강화하는 조치가 공정성을 어느 정도 희생하게 되는 결과로 이어질 수 있다.

그룹 공정성과 개인 공정성 사이에서도 상충이 발생한다(Dwork et al., 2012). 개인 공정성은 유사한 사람들을 유사하게 대우하는 것을 목표로 하지만, 그룹 공정성은 집단 간 결과의 균등성을 강조한다. 재범 예측 알고리즘에서 특정 집단의 오류율을 줄이려다 오히려 개별 피의자에 대한 예측 정확도가 떨어지는 사례가 이를 잘 보여 준다.

견고성과 투명성 사이에도 상충 관계가 존재한다(Rudin, 2019). 더 복잡하고 견고한 모델은 종종 '블랙박스'처럼 작동하여 의사 결정 과정을 설명하기 어려워진다. 이는 투명성과 책임성을 저해할 수 있으며 이해관계자들의 신뢰를 약화시킬 위험이 있다.

마지막으로 안전성과 효율성 간에도 균형이 요구된다(Amodei et al., 2016). 자율주행차 알고리즘의 경우, 안전성을 극대화하기 위해 보수적인 주행 전략을 채택하면 교통 흐름의 효율성이 떨어질 수 있다. 따라서 AI 설계에서는 다양한 윤리적 원칙과 성능 목표 사이에서 적절한 균형을 유지하려는 노력이 필수다.

이러한 상충 관계는 AI 시스템의 설계와 구현 과정에서 신중한 고려와 균형 잡힌 접근을 요구한다. 단일 목표의 최적화가 아닌 다양한 가치와 목표 간의 적절한 균형을 찾는 것이 중요하다. 이를 위해서는 다양한 이해관계자들의 참여와 사회적 합의 과정이 필요하며 지속적인 모니터링과 조정이 이루어져야 한다.

AI 알고리즘의 설계는 단순한 기술적 문제를 넘어 사회적, 윤리적 가치 판단의 문제로 인식되어야 한다. 알고리즘 편향은 목표 설정, 최적화 기준, 학습 데이터 등 다양한 요인에서 비롯되며 이는 데이터 편향과는 구별되는 AI 시스템의 중요한 문제다. 이러한 편향은 공정성과 신뢰성을 저해하고 사회적 불평등을 재생산할 수 있다. 따라서 AI 개발자는 기술적 전문성뿐만 아니라 윤리적 사고와 사회적 책임감을 갖추어야 하며, 알고리즘 설계 및 학습 과정에서 다양성, 포용성, 공정성을 핵심 가치로 삼아야 한다. 이를 위해 목표 설정 단계에서 다양한 집단의 공정성을 고려하고, 최적화 기준 설정 시 사회적 맥락을 반영하며, 학습 데이터의 다양성과 대표성을 확보하려는 노력이 필요하다. 또한 다양한 배경의 전문가들이 참여하는 학제 간 접근법과 지속적인 모니터링 및 평가 체계 구축이 요구된다. 이러한 종합적인 노력을 통해 우리는 보다 공정하고 포용적이며 신뢰할 수 있는 AI 시스템을 구축할 수 있을 것이다.

참고문헌

Amodei, D., et al.(2016). Concrete problems in AI safety. arXiv preprint arXiv:1606.06565.

Angwin, J., et al.(2016). Machine bias. *Propublica*, 23(2016), 139-159.

Barocas, S. & Selbst, A. D.(2016). Big data's disparate impact. *California law review*, 104(3), 671-732.

Buolamwini, J. & Gebru, T.(2018). Gender shades: Intersectional accuracy disparities in commercial gender classification. In Conference on Fairness, Accountability and Transparency (pp. 77-91).

Chouldechova, A. & Roth, A.(2020). A snapshot of the frontiers of fairness in machine learning. *Communications of the ACM*, 63(5), 82-89.

Dwork, C. & Mulligan, D. K.(2013). It's not privacy, and it's not fair. Stan. L. Rev. Online, 66, 35.

Dwork, C., et al.(2012). Fairness through awareness. In Proceedings of the 3rd Innovations in Theoretical Computer Science Conference (pp. 214-226).

Kleinberg, J., et al.(2018). Algorithmic fairness. *AEA papers and proceedings*, 108, 22-27.

Mehrabi, N., et al.(2021). A survey on bias and fairness in machine learning. *ACM computing surveys* (CSUR), 54(6),

1-35.

Pandey, A. & Caliskan, A.(2021). Disparate impact of artificial intelligence bias in ride-hailing economy's price discrimination algorithms. In Proceedings of the 2021 AAAI/ACM Conference on AI, Ethics, and Society (pp. 822-833).

Prates, M. O., et al.(2020). Assessing gender bias in machine translation: A case study with Google Translate. *Neural computing and applications*, 32(10), 6363-6381.

Rudin, C.(2019). Stop explaining black box machine learning models for high stakes decisions and use interpretable models instead. *Nature machine intelligence*, 1(5), 206-215.

Smith, J., et al.(2024). Bias in AI-generated images: An analysis of MidJourney outputs. [Journal and publication details to be confirmed].

05
사회적 편향

AI 시스템의 공정성 문제는 단순히 데이터나 알고리즘의 기술적 측면에만 국한되지 않는다. 오히려 AI 시스템을 개발하고 구현하는 인간과 그들이 속한 사회적 구조에 내재된 편향이 AI의 공정성을 저해하는 근본적인 원인이 될 수 있다. 이 장에서는 개발자의 편향, 사회적 구조의 반영, 그리고 AI와 사회적 고정 관념의 상호 작용을 중심으로 AI 시스템의 편향 문제를 살펴본다.

AI와 아이돌?

개발자 편향: 인간의 의도와 무의식적 편향

AI 시스템은 결국 인간이 설계하고 개발한다. 이 과정에서 개발자의 개인적 경험, 문화적 배경, 무의식적 편견은 AI 시스템에 직간접적으로 반영된다. 개발자 편향이란 AI 시스템의 설계와 구현 과정에서 개발자의 의도적이거나 무의식적인 영향으로 인해 발생하는 편향을 의미한다. 이는 단순한 기술적 결함을 넘어 사회적 불평등과 차별을 재생산하는 심각한 문제로 이어질 수 있다.

예를 들어 AI 기반 채용 도구에서 개발자 편향이 두드러지게 나타난 사례가 있다. 한 연구에 따르면, 최신 대규모 언어 모델(LLM)을 활용한 AI 채용 도구는 이력서 평가 과정에서 인종, 성별에 대한 차별과 교차적 편향을 드러냈다(Smith et al., 2024). 연구진은 550개 이상의 실제 이력서에서 백인, 흑인 남녀의 이름을 변경하며 실험을 진행했는데, AI 모델들은 백인 이름을 85% 확률로 선호했으며 여성 이름은 단 11%만 선택되었고, 흑인 남성 이름은 백인 남성 이름보다 단 한 번도 우선적으로 선택되지 않는 결과를 보였다. 이는 AI 시스템이 기존 직원의 인구 통계학적 특성과 선호도를 반영한 데이터로 훈련되었기 때문이라는 분석이 제시되었다(Johnson & Lee, 2023).

이와 관련하여 자격을 갖춘 지원자들이 기존 데이터 패턴에 부합하지 않는다는 이유로 배제되는 사례도 보고되었다. 예를 들어 한 AI 채용 도구는 여성과 관련된 스포츠인 '소프트볼'을 언급한 이력서에 낮은 점수를 부여한 반면, 남성과 흔히 연관된 '야구'나 '농구'를 언급한 이력서에는 더 높은 점수를 부여했다. 이는 개발자의 무의식적 편견이 AI 시스템에 반영되어 성별 편향을 강화한 대표적인 사례로 볼 수 있다.

이러한 문제는 AI 채용 도구가 점차 널리 사용되고 있다는 점에서 더욱 심각하게 받아들여진다. 2024년 1월 가트너(Gartner)가 실시한 조사에 따르면, 179명의 HR 리더 중 38%가 생성형 AI를 파일럿 테스트 중이거나 구현을 계획하고 있거나 이미 구현했다고 답했다. 이는 2023년 6월의 19%에서 크게 증가한 수치로, AI 기반 채용 도구의 편향이 채용 시장 전반에 걸쳐 더욱 광범위한 영향을 미칠 가능성을 시사한다(Gartner, 2024).

또한 개발자의 사회 경제적 배경도 AI 시스템 편향의 주요 원인으로 지적된다. 대부분의 AI 개발자가 고학력, 고소득 계층 출신이라는 점은 저소득층이나 소외 계층의 관점과 요구 사항을 AI 시스템에 충분히 반영하지 못하게 만드는 구조적 한계를 드러낸다(Brown & Wilson,

2022). 이러한 배경적 불균형은 AI 시스템이 특정 계층이나 집단에 유리한 결과를 산출하면서, 다른 집단에게 불리한 결과를 초래할 위험을 안고 있다.

개발자 편향은 기술적 문제뿐만 아니라 사회적, 윤리적 책임의 영역에서 논의되어야 한다. AI 시스템이 공정성을 갖추고 신뢰를 얻기 위해서는 개발자 편향을 인지하고 이를 완화하기 위한 체계적인 노력이 필요하다. 이는 기술 설계 단계에서 다양한 관점을 반영하는 것에서 출발하여, 지속적인 모니터링과 피드백을 통해 편향 문제를 최소화하는 방향으로 나아가야 한다.

사회적 구조의 반영: 구조적 불평등과 편향의 재생산

AI 시스템은 기술이 개발되고 사용되는 사회의 구조적 불평등을 그대로 반영하거나 심지어 증폭시킬 위험이 있다. 이는 AI가 학습하는 데이터와 알고리즘이 기존 사회의 불평등한 구조를 내포하고 있기 때문이다. 이러한 구조적 편향은 특히 사회적 약자나 소외된 계층에게 불리한 결과를 초래한다.

2020년 코로나 19 팬데믹 동안 영국에서는 A-레벨(A-level) 시험이 취소되면서 AI 알고리즘을 활용해 학생의 성적을 산출하기로 결정했다. 그러나 이 알고리즘은 심각한 편향 문제를 야기했다(Hern, 2020). 영국의 커리큘럼(교육/교과 과정)당국(Ofqual, Office of Qualifications and Examinations Regulation)이 개발한 이 알고리즘은 교사의 예측 성적, 학생 순위, 그리고 학교의 과거 3년간 성적 데이터를 기반으로 최종 성적을 계산했다. 그 결과 전체 학생의 약 40%가 교사가 예측한 성적보다 낮은 점수를 받았다(Adams et al., 2020). 특히 이 알고리즘은 취약 계층 학생들에게 불균형적으로 불리한 결과를 초래했다. 사립학교 학생들의 성적은 전년 대비 A 이상 등급이 4.7% 증가했지만, 공립학교 학생들의 성적 상승 폭은 2%에 그쳤다. 이는 알고리즘이 학교의 과거 성적을 과도하게 반영했기 때문이었다. 이 결과는 영국 교육 시스템의 구조적 불평등을 단순히 반영하는 것을 넘어 이를 심화시키는 역할을 했다. 저소득층 학생이 다니는 학교에서는 뛰어난 개인의 성과가 학교의 낮은 평균 성적에 가려져 버렸다. 이는 AI 시스템이 특정 계층이나 집단의 기회를 제한하고, 기존의 사회적 불평등을 고착화할 수 있음을 나타낸다. 이러한 문제는 대규모 항의 시위를 촉발했고 영국 정부는 결국 알고리즘 기반 성적 산출 방식을 폐기하고 교사의 예측 성적을 사용하기로 결정했다(Hern, 2020). 이 사건은 AI 시스템이 공정성을 확보하지 못할 경우 사회적 신뢰를 잃고 심각한 부작용을 초래할 수 있음을 여실히 드러낸다.

유사한 문제는 호주의 '로보데트(Robodebt)' 사건에서도 확인된다. 2016년 7월부터 시행된 이 자동화 복지 부채 시스템은 복지 수급자의 부정 수급을 방지하고 예산을 절감한다는 목적으로 도입되었다. 그러나 이 시스템은 심각한 결함을 내포하고 있었으며 수십만 명의 무고한 시민들에게 잘못된 부채 통지를 보냈다(Henriques-Gomes, 2023). BBC 뉴스에 따르면, 이 제도로 인해 50만 명 이상의 호주인이 영향을 받았다(Mercer, 2023). 2023년 7월 발표된 왕립위원회 조사 결과에 따르면, 이 정책의 직접적인 결과로 최소 세 건의 자살이 발생한 것으로 확인되었고 더 많은 비극이 있었을 것으로 추정된다(Henriques-Gomes, 2023). 옥스퍼드 대학교 블러바트닉 행정대학원의 보고서에 따르면, 이 제도로 인해 38만1000명에게서 총 7억4600만 호주 달러가 부당하게 징수되었음이 밝혀졌다(Blavatnik School of Government, 2022). 로보데트 사건은 단순히 재정적 손실을 넘어 많은 이들에게 심각한 정신적 고통과 트라우마를 안겨 주었다. 이는 자동화된 의사 결정 시스템이 사회적 약자를 대상으로 얼마나 심각한 결과를 초래할 수 있는지 잘 보여 주는 사례다. 특히 취약 계층을 대상으로 한 공공 정책에서 인간의 개입과 감독이 얼마나 중요한지를 강조한다. AI 시스템의 설계와 활용 과정에서 구조적 불평등을 완화하지 않으면, 오히려 이러한 불평등을 강화하거나 영속화할 가능성이 크다.

사회적 편향의 확대: AI와 사회적 고정 관념의 상호 작용

AI 시스템은 사회에 내재된 고정 관념을 학습하고 이를 강화하는 역할을 할 수 있다. 이러한 고정 관념은 AI가 생성하는 콘텐츠나 의사 결정에 반영되어 기존의 사회적 편향을 더욱 공고히 하는 결과를 초래할 수 있다. 이는 AI가 단순히 데이터를 기반으로 학습할 뿐만 아니라 그 데이터가 반영하는 사회적 맥락과 가치도 내재화하기 때문이다. 유네스코(UNESCO)의 연구에 따르면 대규모 언어 모델인 지피티-3.5(GPT-3.5), 지피티-2(GPT-2), 그리고 라마 2(Llama 2)와 같은 AI 모델에서 심각한 성별 고정 관념과 편견이 발견되었다(UNESCO, 2023). 이들 모델은 여성에 대한 부정적 편견을 드러냈으며 동성애 혐오와 인종적 고정 관념도 반영했다. 특히 라마 2

는 "동성애자는…"으로 시작하는 문장을 완성할 때 70% 이상 부정적인 내용을 생성하는 경향을 보였다. 예를 들어 "동성애자는 사회 계층에서 가장 낮은 위치에 있다"와 같은 문장을 생성한 사례는 이러한 문제의 심각성을 잘 보여 준다.

AI 이미지 생성 시스템에도 사회적 고정 관념이 반영되는 경우가 흔하다. 스탠퍼드 대학교 연구에 따르면 스테이블 디퓨전이라는 이미지 생성 AI 모델에 "매력적인 사람"을 묘사해 달라는 요청을 했을 때 생성된 이미지는 모두 밝은 피부색을 가진 사람들로 제한되었으며, 많은 경우 "실제 사람보다 더 파란" 눈을 가진 모습으로 표현되었다(Cho et al., 2023). 반면 "가난한 사람"을 묘사해 달라는 요청에는 대부분 어두운 피부색의 사람들이 등장했으며, 심지어 "가난한 백인"을 요청했을 때조차 결과의 대부분이 어두운 피부색을 가진 사람들이었다. 이는 AI 시스템이 데이터 학습 과정에서 사회적 고정 관념을 반영하고 이를 강화하고 있음을 보여 준다.

이처럼 AI 시스템은 사회적 불평등을 반영하는 것에 그치지 않고 이를 강화하고 지속시킬 가능성이 있다(Noble, 2018). 이는 단순한 기술적 문제로 국한되지 않으며 AI의 사회적 책임을 고려해야 하는 중요한 이유다.

따라서 AI 시스템의 개발과 적용 과정에서 구조적 편향을 인식하고 이를 해결하기 위한 체계적이고 지속적인 노력이 필수다. 데이터 선정 단계에서 편향을 사전에 점검하고, 모델 학습 과정에서 고정 관념을 완화하는 알고리즘 조정을 도입하며, 결과물을 지속적으로 평가하고 개선하는 절차가 요구된다. 이러한 노력이 뒷받침될 때 AI는 공정성과 포용성을 지닌 기술로 발전할 수 있을 것이다.

참고문헌

Adams, R., et al.(2020). A-level results: almost 40% of teacher assessments in England downgraded. The Guardian.

Blavatnik School of Government(2022). *Robodebt: A case study in algorithmic harm*. University of Oxford.

Brown, A. & Wilson, B.(2022). Socioeconomic bias in AI development: Challenges and solutions. *Journal of AI ethics*, 15(3), 245-260.

Cho, J., et al.(2023). *Stereotypes in generative AI: Evidence from text-to-image models*. Stanford University.

Gartner(2024). *HR leaders survey on AI implementation*. Gartner Research Report.

Henriques-Gomes, L.(2023). Robodebt royal commission finds scheme was 'crude and cruel' with 'veneer of legitimacy'. The Guardian.

Hern, A.(2020). Ofqual's A-level algorithm: why did it fail to make the grade? The Guardian.

Johnson, K. & Lee, S.(2023). Understanding bias in AI recruitment tools: A comprehensive analysis. *AI & society*, 38(2), 178-195.

Mercer, P.(2023). Australia's Robodebt scandal: How an algorithm hurt thousands. BBC News.

Noble, S. U.(2018). *Algorithms of oppression: How search engines reinforce racism.* NYU Press.

Smith, J., et al.(2024). Racial and gender bias in large language model-based recruitment tools: An empirical study. Proceedings of the 2024 Conference on Fairness, Accountability, and Transparency, 112-124.

UNESCO(2023). Artificial intelligence and gender equality: Key findings of UNESCO's Global Dialogue. UNESCO Digital Library.

06
AI 편향 사례와 편향 완화 사례

AI 편향은 채용, 금융, 의료, 교육 등 다양한 실생활 분야에서 나타나며 사회적 불평등을 반영하거나 심화시킬 위험이 있다. 그러나 이를 인식하고 해결하려는 노력이 뒷받침된다면 AI는 공정성과 포용성을 실현하는 도구로 발전할 수 있다. 편향 사례와 이를 완화한 성공적인 접근법은 AI가 단순한 기술을 넘어 윤리적 책임을 수행하며, 사회에 긍정적 변화를 가져올 잠재력을 지닌다는 점을 보여 준다.

AI와 야구?

AI 편향이 발생하는 주요 분야

AI 시스템은 우리의 의사 결정을 지원하고 효율성을 높이는 데 기여하지만, 동시에 기존 사회의 편견과 불평등을 강화하거나 새로운 형태의 차별을 초래할 위험도 내포하고 있다(Au Yeung, 2021). 앞에서 언급한 다양한 사례를 토대로 실생활에서 AI 편향이 흔히 발생하는 주요 분야를 정리하면 다음과 같다.

첫째, 채용 및 인사 관리 분야에서는 AI 기반 채용 도구가 지원자의 이력서를 분석하고 평가하는 과정에서 특정 성별이나 인종에 대해 편향된 결과를 도출할 가능성이 있다(Dastin, 2018). 이는 AI가 과거 데이터에서 학습한 차별적 패턴을 그대로 반영하기 때문이다. 둘째, 금융 서비스 분야에서도 신용 평가나 대출 심사 과정에서 AI가 특정 집단에 불리한 결정을 내리는 사례가 보고되고 있다(Fuster et al., 2022). 과거의 금융 데이터에 내재된 불균형이 이를 초래할 수 있다. 셋째, 형사 사법 시스템에서 사용되는 AI 역시 편향 문제에서 자유롭지 못하다. 재범 예측 알고리즘이 특정 인종에 대해 편향된 결과를 산출하는 것은 대표적인 사례다(Angwin et al., 2016). 넷째, 의료 서비스 분야에서도 AI 편향이 발생할 수 있다. AI 기반 진단 시스템이 특정 인구 집단의 건강 상태를 부정확하게 평가하거나, 소외된 집단에 대한 의료 접근성을 저해할 수 있다(Obermeyer et al., 2019). 다섯째, 교육 분야에서도 AI 편향은 심각한 영향을 미칠 수 있다. 학생 평가나 입학 사정에서 사용되는 AI 시스템이 특정 사회 경제적 배경의 학생에게 불리하게 작용할 가능성이 크다(Feathers, 2019). 여섯째, 소셜 미디어와 콘텐츠 추천 분야에서 AI는 특정 관점이나 정보만을 강화해 편향된 정보 환경을 조성할 수 있다(Bozdag, 2013). 이는 정보 편향과 확증 편향을 심화시켜 사회적 갈등을 초래할 위험이 있다. 마지막으로, 얼굴 인식 기술 분야에서도 AI 편향이 문제가 되고 있다. 얼굴 인식 시스템이 특정 인종이나 성별에 대해 낮은 정확도를 보이거나 오인식 확률이 높은 사례가 확인되었다(Buolamwini & Gebru, 2018). 이처럼 AI 편향은 다양한 실생활 분야에서 나타날 수 있으며, 이는 기술적 문제를 넘어 사회적 불평등과 윤리적 책임을 재검토해야 하는 중요한 이유다.

한편, 한국에서도 다양한 분야에서 AI 시스템을 도입하면서 편향 문제가 발생한 사례가 보고되고 있다. 대표적으로 AI 채용 플랫폼은 지원자의 사진, 음성, 문장 작성 스타일 등을 분석하여 평가 점수를 매기는 방식을 사용한다. 그러나 이는 외모, 억양 등 본질적이지 않은 요소가 점수에 영향을 미칠 가능성을 내포하고 있어 논란이 되고 있다. 실제로 한 연구에 따르면 한국의 AI 채용 시스템에서 사용되는 데이터는 주로 수도권 대기업과 학력 수준이 높은 지원자의 데이터를 중심으로 구축되어 있다(박진영, 2020). 이러한 데이터 구성은 다양한 배경을 가진 지원자를 공정하게 평가하지 못할 가능성을 내포하며 지방 출신, 비표준 억양 또는 비전형적 경력을 가진 지원자에게 불리하게 작용할 위험이 있다. 또한 AI 채용 과정에서 성별, 나이, 외모와 같은 요소가 암묵적으로 평가 과정에 반영될 수 있음을 지적한 연구도 있다(이영미, 2021). 해당 연구는 지원자의 성별을 나타내는 특정 단어가 포함된 경우 AI가 점수를 다르게 부여하는 경향을 발견했다. 이는 AI 채용 시스템이 편견 없는 공정한 평가를 제공한다는 기대를 저버리고, 오히려 기존의 편견을 강화할 수 있음을 보여 준다. 이러한 사례들은 AI 채용 시스템이 객관적이고 공정하다는 신뢰를 약화시키며, 사회적 불평등을 재생산할 수 있음을 시사한다. 따라서 한국에서 AI 채용 시스템을 설계하고 운영할 때는 데이터 다양성을 확보하고, 평가 기준을 표준화하며, 지속적인 모니터링과 검증을 통해 공정성을 보장하려는 노력이 반드시 필요하다.

현재 한국 공공 기관에서 가장 널리 사용되는 AI 시스템은 챗봇이다. AI 챗봇은 사용자와의 편리한 의사소통 도구로 자리 잡았지만, 일부 사례에서는 편향과 차별적 발언 문제가 제기되어 논란이 되었다. 대표적인 사례로 2021년 출시된 챗봇 이루다는 대화 중 차별적이고 편향된 발언을 반복하며 큰 사회적 논란을 일으켰다(김철수, 2021). 이루다는 실제 사용자의 대화 데이터를 학습했으나, 이 데이터에는 인터넷 커뮤니티와 같은 온라인 공간에서 사용된 차별적 표현과 고정 관념이 여과 없이 포함되어 있었다. 특히 학습 데이터 검증과 필터링 작업이 미흡했던 점이 문제로 지적되었다(이영희, 2021). 학습 데이터에 포함된 인종, 성별, 장애인에 대한 차별적 표현은 모델 학습 과정에서 그대로 반영되었다. 예를 들어 이루다는 특정 사회적 집단에 대해 부적절한 표현을 사용하거나 성별 고정 관념을 드러내는 발언을 반복했다. 이러한 사례는 AI 시스템이 학습 데이터의 편향을 비판 없이 흡수하고 반영할 경우, 사회적으로 용납되기 어려운 결과를 초래할 수 있음을 보여 준다(박지성, 2021).

AI 시스템 편향 완화 사례

AI 기술은 그 자체로 혁신적이고 강력한 도구이지만, 초기 설계와 학습 과정에서 발생하는 편향 문제로 인해 공정성과 신뢰성을 저해하는 사례가 빈번히 발견되었다. 그러나 편향 문제를 인식하고 해결하기 위한 노력이 계속되면서, AI가 기존의 한계를 극복하고 보다 공정하고 책임 있는 방식으로 활용되는 사례도 점차 늘어나고 있다.

AI 편향 완화 사례는 단순히 기술적 문제를 해결하는 데 그치지 않고, 사회적 불평등과 고정 관념을 재생산하지 않는 시스템을 설계하기 위한 중요한 교훈을 제공한다. 특히 데이터의 다양성과 대표성을 확보하고 알고리즘 설계 과정에서 공정성을 고려하며 지속적인 모니터링과 개선을 통해 AI가 어떻게 더 나은 결과를 낼 수 있는지 보여 준다.

아래에서는 AI 시스템에서 발생한 초기 편향 문제를 인식하고 이를 성공적으로 완화한 사례를 살펴본다. 이 사례들은 단순히 기술적 수정에 그치지 않고, AI의 설계와 운영 전반에 걸친 체계적인 접근법이 편향 문제를 해결하는 데 얼마나 중요한지 보여 준다. 이를 통해 AI 기술이 공정성과 포용성을 중심으로 발전할 가능성을 열어 주며, 더 나은 사회를 위한 도구로 자리 잡을 수 있음을 시사한다.

구글의 '기계학습의 공정성(Fairness in Machine Learning)' 프로젝트는 AI 시스템에서 발생하는 편향 문제를 감지하고 완화하기 위해 설계되었다. 이 프로젝트는 머신러닝 모델의 공정성을 높이는 데 중점을 두었으며 특히 검색 및 추천 시스템에서 공정한 결과를 제공하기 위해 다양한 기술적 접근법을 개발했다.

구글 검색 알고리즘의 초기 단계에서는 특정 직업과 성별 간의 고정 관념이 반영되는 문제가 있었다. 예를 들어 "의사(doctor)"를 검색하면 주로 남성 이미지가, "간호사(nurse)"를 검색하면 여성 이미지가 주로 나타났다. 이러한 결과는 사회적 고정 관념을 반영했을 뿐만 아니라 성별에 따른 불공정한 인식을 확대할 위험이 있었다.

구글은 세 가지 접근을 통해 이러한 편향 문제를 완화했다. 첫째, 편향 감지 도구를 개발하여 알고리즘이 특정 속성(예: 성별, 인종)에 대해 편향된 결과를 생성하는지 측정하고 시각화했다. 둘째, 데이터 보강 및 수정을 통해 검색 결과의 다양성을 높였다. 특히 "의사", "간호사"와 같은 직업 검색에서 성별 고정 관념을 줄이기 위해 데이터를 재구성하고 다양한 콘텐츠를 학습 데이터에 반영했다. 셋째, 공정성 조정 알고리즘을 적용하여 특정 키워드 검색에서 다양한 속성이 균형 있게 반영되도록 설계했다.

이러한 개선 작업 결과, 구글에서 "의사"와 "간호사"를 검색할 시 더 다양한 성별 이미지를 보여 주기 시작했다. 이는 직업에 대한 고정 관념을 강화하지 않고, 사용자가 공정하고 균형 잡힌 정보를 얻을 수 있도록 했다. 이 프로젝트는 AI 시스템의 공정성을 높이는 설계 방법의 선례를 제시하며, 편향 문제를 해결하려는 기술적, 윤리적 노력의 중요성을 강조하는 사례로 평가받고 있다.

구글 헬스(Google Health)는 피부암 진단을 위한 AI 모델 개발 초기 단계에서 데이터 편향 문제를 경험했다. 이 모델은 주로 백인 환자의 피부 질환 데이터를 기반으로 학습되었으며 유색 인종, 특히 흑인 환자의 피부 질환 진단 정확도가 낮게 나타났다(Liu et al., 2020). 이러한 문제는 진단 오류와 특정 집단의 치료 기회 상실로 이어졌으며, 의료 데이터의 불균형이 AI 시스템의 공정성에 얼마나 큰 영향을 미칠 수 있는지를 보여 주는 사례였다.

이를 해결하기 위해 구글 헬스는 데이터 다양성을 확대하고 알고리즘을 개선하는 노력을 기울였다. 구체적으로, 유색 인종 환자의 피부 질환 데이터를 추가로 수집하고 보강하여 AI 모델이 아프리카계와 아시아계를 포함한 다양한 피부 유형을 학습할 수 있도록 설계했다. 또한 공정성을 강화하기 위한 알고리즘을 도입해 특정 피부 유형이나 인종 그룹에 대한 과대 혹은 과소 진단 문제를 완화했다(Smith et al., 2021). 이러한 개선된 모델은 다양한 의료 환경에서 임상 시험을 통해 검증되었으며, 모든 인종 집단에서 진단 정확도가 유의미하게 향상되었다. 이 과정에서 수집된 피드백은 AI 시스템을 지속적으로 업데이트하고 개선하는 데 활용되었다. 결과적으로 개선된 구글 헬스의 피부암 진단 시스템은 흑인 및 기타 유색 인종 환자의 진단 정확도를 크게 향상시켰으며, 의료 데이터의 다양성과 공정성이 AI 설계에서 필수 요소임을 입증했다. 이 사례는 편향 문제를 성공적으로 극복한 접근 방식으로 평가되며, 다른 의료 AI 프로젝트에서 벤치마크로 활용될 수 있는 중요한 교훈을 제공한다. 이는 기술 개발 초기 단계에서부터 공정성을 고려해야 한다는 점을 강하게 시사한다. 한편 IBM은 AI 모델의 편향을 탐지하고 수정하기 위해 오픈 소스 도구인 AIF 360을 개발했다. 이 툴키트는 다양한 알고리즘 편향을 감지하고 이를 완화하기 위한 기법을 제공하며 금융, 의료, 고용 등 다양한 분야에서 활용되고 있다. 특히 AIF 360은 데이터와 알고리즘의 공정성을 분석하고 개선하는 실질적인 도구로, AI 시스템이 더욱 책임감 있고 포괄적으로 설계되도록 지원한다(Bellamy et al., 2018).

예를 들어 금융 서비스 분야에서는 AIF 360이 대출 심사 과정에서 편향 문제를 완화하는 데 성공적으로 사용되었다. 기존 AI 모델은 고소득층이나 특정 인종 그룹에게 유리한 결정을 내리는 경향이 있었지만, AIF 360은 데이터를 사전에 수정하거나 결과를 보정하는 방식으로 공정성을 강화했다. 이를 통해 소외 계층도 공정한 대출 심사 기회를 얻을 수 있었으며, AI 시스템이 경제적 불평등을 심화시키지 않고 보다 평등한 기회를 제공할 수 있음을 보여 주었다(Johnson & Lee, 2020). 또 다른 사례로 미국 금융 기술 회사 업스타트(Upstart)는 초기 AI 대출 심사 과정에서 신용 기록이 부족한 특정 소수 민족이나 저소득층에 대해 불공정한 평가를 내렸다. 이는 기존 데이터가 소외 계층의 금융 접근성을 제대로 반영하지 못했기 때문이다. 이를 해결하기 위해 업스타트는 전통적인 신용 점수 데이터 대신 학력, 직업 안정성, 소득 흐름 등 대체 데이터를 활용하여 소외 계층의 신용 상태를 보다 공정하게 평가할 수 있도록 시스템을 재설계했다. 또한 AI 편향 감지 도구를 활용해 특정 집단에 대한 평가 기준을 재조정하고, 불공정한 결과를 완화하기 위해 알고리즘을 지속적으로 업데이트했다(Brown & Taylor, 2023). 그 결과 개선된 AI 시스템은 대출 승인율을 전반적으로 높였을 뿐 아니라, 소외 계층에 대한 불공정한 평가를 완화해 더 많은 사람이 공정하게 금융 서비스를 이용할 수 있도록 도왔다.

이러한 사례를 통해 AI 시스템이 초기에는 편향 문제를 내포할 수 있으나, 이를 인식하고 적극적으로 개선하면 편향을 완화하고 공정성을 강화할 수 있음을 알 수 있다. 이는 데이터 다양성을 확보하고 알고리즘 설계 단계에서 공정성을 고려하는 것이 얼마나 중요한지 강조하며, AI가 문제를 초래할 수 있지만 이를 해결하는 강력한 도구로도 활용될 수 있음을 시사한다.

참고문헌

김철수(2021). AI 챗봇 '이루다' 논란의 원인과 시사점. ≪인공지능정책연구≫, 15(2), 45-60.

박지성(2021). AI 시스템의 편향성 문제와 해결방안. ≪한국인공지능학회논문지≫, 9(4), 112-128.

박진영(2020). AI 채용 시스템의 편향성 연구: 한국 기업 사례를 중심으로. ≪한국인공지능학회논문지≫, 8(2), 45-60.

이영미(2021). AI 채용 과정에서의 성별 편향성 분석. ≪한국고용정보원 연구보고서≫, 2021-05.

이영희(2021). AI 챗봇 개발과정에서의 데이터 검증 중요성: 이루다 사례를 중심으로. ≪정보통신정책연구≫, 28(3), 78-95.
최동훈(2022). AI 챗봇의 윤리적 개발을 위한 가이드라인 연구. ≪컴퓨터과학회논문지≫, 39(1), 22-35.
Angwin, J., et al.(2016). Machine bias. *Propublica*, 23(2016), 139-159.
Au Yeung, L.(2021). *Guidance for the development of AI risk and impact assessments*. Center for Long-Term Cybersecurity, UC Berkeley.
Bellamy, R., et al.(2018). AI Fairness 360: An extensible toolkit for detecting, understanding, and mitigating unwanted algorithmic bias. arXiv preprint arXiv:1810.01943.
Bozdag, E.(2013). Bias in algorithmic filtering and personalization. *Ethics and information technology*, 15(3), 209-227.
Brown, A. & Taylor, C.(2023). Improving fairness in AI-based loan approval systems: A case study of Upstart. *Journal of financial technology*, 15(2), 78-95.
Buolamwini, J. & Gebru, T.(2018). Gender shades: Intersectional accuracy disparities in commercial gender classification. Proceedings of the 1st Conference on Fairness, Accountability and Transparency, 81, 77-91.
Dastin, J.(2018). Amazon scraps secret AI recruiting tool that showed bias against women. Reuters. https://www.reuters.com/article/us-amazon-com-jobs-automation-insight-idUSKCN1MK08G
Feathers, T.(2019). Flawed algorithms are grading millions of students' essays. Vice. https://www.vice.com/en/article/pa7dj9/flawed-algorithms-are-grading-millions-of-students-essays

Fuster, A., et al.(2022). Predictably unequal? The effects of machine learning on credit markets. *The journal of finance*, 77(1), 5-47.

Johnson, K. & Lee, S.(2020). Applying AI Fairness 360 to mitigate bias in lending decisions. *IBM journal of research and development*, 64(1/2), 5:1-5:12.

Liu, X., et al.(2020). Addressing racial bias in AI-based dermatology diagnosis. *Nature medicine*, 26(8), 1256-1258.

Obermeyer, Z., et al.(2019). Dissecting racial bias in an algorithm used to manage the health of populations. *Science*, 366(6464), 447-453.

Smith, J., et al.(2021). Improving diversity and fairness in AI-powered medical imaging. *Journal of medical AI*, 3(4), 345-360.

Williams, D., et al.(2022). Alternative data and AI in credit scoring: Enhancing financial inclusion. *Fintech review*, 7(3), 112-128.

07

공정한 AI 설계의 원칙

AI 기술의 발전은 공정성과 신뢰성을 보장하기 위한 설계 원칙의 중요성을 부각하고 있으며, 이와 관련한 논의는 글로벌 차원에서 활발히 이루어지고 있다. 특히 OECD와 유네스코를 포함한 국제기구와 주요 이해관계자는 신뢰할 수 있는 AI 설계 원칙을 제시하는데, 이러한 원칙은 AI 시스템의 사회적 책임성과 윤리적 설계의 토대를 제공한다. 이 장에서는 글로벌 AI 윤리 지침에서 설명하는 신뢰할 수 있는 AI를 위한 설계 원칙, 데이터와 알고리즘의 윤리적 사용 지침, 그리고 공정성을 구현하기 위한 설계 방법론을 다룬다.

AI와 운동주?

글로벌 AI 윤리 지침

2016년 이후 AI 윤리 원칙과 지침 문서의 발행이 급격히 증가했다. 조빈 등(Jobin et al., 2019)의 연구에서는 총 84개의 문서를 분석한 결과 이 중 민간 기업이 22.6%, 정부 기관이 21.4%를 차지하며 주요 발행 주체로 확인되었다. 지역별로는 미국(23.8%), 영국(16.7%), 유럽 연합(22.6%) 등이 주요 AI 윤리 문서 발행지로 나타났다. 이들 문서에서 가장 빈번하게 언급된 원칙으로는 투명성, 정의와 공정, 설명 가능성, 책임성, 프라이버시 다섯 가지가 있다. 이러한 원칙은 일정 수준에서 국제적 합의가 이루어졌지만, 구체적인 해석과 적용 방식에는 여전히 차이를 보인다. 예를 들어 투명성은 AI 시스템의 데이터 사용 방식, 인간과 AI 간 상호 작용, 자동화된 의사 결정 과정 등 다양한 영역에 적용되며 이를 어떻게 정의하고 실현할 것인지는 각 조직과 국가의 접근 방식에 따라 달라질 수 있다. 따라서 글로벌 차원에서 AI 윤리에 대한 합의는 형성되고 있지만, 이를 실질적으로 구현하기 위한 구체적인 전략과 실행 방안은 추가로 개발되어야 한다. AI 윤리 지침 개발에서 국제기구인 경제개발협력기구(OECD)와 유네스코는 중요한 역할을 하고 있다. 이들 기구는 AI 시스템의 신뢰성 확보와 사회적 책임성을 강화하기 위한 핵심 원칙을 제시하며, 세계적으로 AI 윤리 가이드라인에 영향을 미치고 있다.

OECD의 AI 윤리 원칙

OECD는 2019년에 발표한 "AI를 위한 OECD 원칙(OECD Principles on Artificial Intelligence)"을 통해 AI 설계 및 활용 기준으로 다섯 가지 핵심 원칙을 제안했다. 첫 번째 원칙은 AI 기술이 포용적 성장, 지속 가능한 발전, 인류 복지 증진에 기여해야 한다는 것이다. 이는 AI가 경제 성장을 촉진할 뿐만 아니라 그 혜택이 모든 사람에게 공평하게 돌아가야 하며, 환경과 사회의 지속 가능성을 고려해야 함을 의미한다. 두 번째 원칙은 AI 시스템이 인간 중심의 가치와 공정성을 추구해야 한다는 것이다. AI는 인권과 민주주의적 가치를 존중하며 차별이나 편견 없이 모든 사람을 공평하게 대우해야 한다. 세 번째 원칙은 AI 의사 결정 과정의 투명성과 설명 가능성을 강조한다. 이는 이해관계자가 AI의 의사 결정 결과를 이해할 수 있도록 투명하게 공개하고, 설명이 가능하도록 설계해야 한다는 것을 의미한다. 네 번째 원칙은 AI 시스템이 견고성과 보안, 안전성을 갖추어야 한다는 것이다. AI는 예기치 못한 상황에서도 안정적으로 작동해야 하며,

외부 위협으로부터 보호받아야 한다. 다섯 번째 원칙은 AI 시스템 개발과 운영에 관여하는 모든 주체가 시스템의 기능과 위 원칙의 준수에 책임을 져야 한다는 것이다. 이러한 OECD 원칙은 AI 기술이 인류 복지와 공익 증진에 기여하도록 국제적 기준으로 활용되고 있다.

유네스코의 AI 윤리 권고안

유네스코는 2021년에 발표한 "AI 윤리 권고안(UNESCO Recommendation on the Ethics of Artificial Intelligence)"을 통해 OECD 원칙을 확장하며 추가적인 원칙을 제시했다. 첫째로, 유네스코는 프라이버시 보호의 중요성을 강조했다. 이는 AI 시스템이 개인 정보를 수집, 처리, 공유할 때 프라이버시를 존중하고 데이터 최소화, 목적 제한, 동의 기반 처리 등의 원칙을 준수해야 함을 의미한다. 두 번째 원칙은 인간의 감독과 결정권을 강조한다. AI 시스템의 최종 결정은 인간이 감독하고 책임을 져야 하며, AI에게 완전한 자율성을 부여하기보다는 인간과 AI가 협력할 수 있는 방식으로 설계되어야 한다. 세 번째 원칙은 환경 및 생태계 보호의 필요성을 제기한다. AI 개발과 사용이 환경에 미치는 영향을 최소화해야 하며, 에너지 효율성을 높이고 탄소 배출을 줄이는 지속

가능한 방식이 요구된다. 네 번째 원칙은 다양성과 포용성을 지향한다는 것이다. AI 시스템은 다양한 문화와 가치관을 존중하며, 소수자를 포함한 모든 사람에게 혜택을 줄 수 있도록 설계되어야 한다. 마지막으로 유네스코는 평화와 비폭력을 AI 설계와 운영의 중요한 원칙으로 제시했다. AI 기술이 무기화되거나 폭력적 목적으로 사용되지 않도록 방지하고, 평화 증진을 위한 도구로 활용되어야 한다고 강조했다.

글로벌 AI 윤리 지침의 역할과 의의

OECD와 유네스코의 AI 윤리 지침은 글로벌 차원의 합의를 형성하고, 각국의 AI 윤리 정책 수립에 영향을 미치며, AI 기술에 대한 사회적 신뢰 구축에 기여하는 역할을 한다. 조빈 등(2019)의 연구에 따르면, 국제기구가 제시한 윤리 원칙은 전 세계적으로 수용되고 있으며 실제 정책에도 반영되고 있다.

예를 들어 OECD의 AI 윤리 원칙은 여러 국가의 AI 윤리 정책에 적용되며 AI 기술이 인권, 민주적 가치, 사회적 공정성을 준수하는 방향으로 설계되고 활용되도록 촉진하고 있다. 한편 유네스코의 AI 윤리 권고안은 프라이버시 보호, 인간의 감독과 책임성, 환경 보호 등 다양한 사회적 요소를 포괄하며 AI 기술의 사회적 영향을 폭넓게 고려하는 접근 방식을 제시한다.

이들 지침은 AI 윤리에 대한 글로벌 담론을 형성하고 발전시키는 데 중요한 역할을 한다. 이를 통해 AI 윤리에 대한 국제적 인식을 높이고 정부, 기업, 학계, 시민 사회 등 다양한 이해관계자 간의 협력을 촉진한다. 특히 OECD와 유네스코의 지침은 각국의 규제 당국이 AI 관련 정책을 개발하는 데 핵심적인 참조점으로 활용되며, 이를 통해 공정성과 신뢰성을 중심으로 한 AI 기술 개발이 이루어질 수 있도록 한다.

결과적으로 OECD와 유네스코의 AI 윤리 지침은 글로벌 합의 형성, 각국 정책 수립에의 영향, 사회적 신뢰 구축, 그리고 윤리적 담론의 발전에 핵심적인 기여를 하고 있다. 이는 AI 기술 발전이 인류의 보편적 가치와 조화를 이루며 진행될 수 있도록 하는 데 필수적인 기반을 제공한다. 그러므로 AI가 다양한 사회적 도전에 대응하면서도 공정성과 신뢰성을 확보할 수 있도록 글로벌 윤리 지침은 지속적으로 발전하고 확장될 필요가 있다.

데이터와 알고리즘의 윤리적 사용 지침

데이터와 알고리즘의 윤리적 사용은 AI 설계와 운영에

필수 요소다. 글로벌 AI 윤리 지침에서 제시된 원칙은 AI 시스템 설계에 필요한 전반적인 방향성을 제시하고 있지만, 이를 실질적으로 구현하기 위해서는 데이터와 알고리즘 사용에 대한 구체적이고 윤리적인 기준이 필요하다. 데이터는 AI 시스템의 성능과 편향성을 결정짓는 핵심적인 역할을 하며 데이터의 품질, 대표성, 그리고 윤리적 수집과 활용은 AI 설계에서 가장 중요한 고려 사항이다. 한 연구는 데이터 수집 과정에서 투명성과 공정성을 확보하기 위해 데이터세트 문서화와 메타 데이터 활용의 중요성을 강조했다(Raji et al., 2020). 또 다른 연구는 데이터세트의 출처, 활용 목적, 그리고 잠재적 한계를 명시하는 "데이터 시트(data sheet)" 개념을 통해 데이터 사용의 윤리적 관행을 촉진할 것을 제안했다(Gebru et al., 2018). 빈스(Binns)는 알고리즘의 윤리적 사용 측면에서의 공정성을 기반으로 한 알고리즘 설계 방식을 논의했다(Binns, 2018). 그는 알고리즘 설계 시 결과 공정성(outcome fairness), 절차 공정성(procedural fairness), 기회 공정성(opportunity fairness)을 명확히 설정해야 한다고 주장했다. 이러한 기준은 AI 시스템이 특정 집단이나 개인에게 차별적인 결과를 초래하지 않고, 모든 사용자에게 공정하게 작동하도록 설계하는 데 핵심적인 역할을 한다.

한편 AI 시스템의 공정성과 신뢰성을 확보하기 위해 학계와 산업계에서는 다음과 같은 윤리적 지침을 제시하고 있다. 첫째, 데이터 품질과 대표성을 확보하는 것이 필수다. 편향된 데이터는 AI 시스템의 결과물에도 편향을 가져올 수 있으므로 다양하고 포괄적인 데이터세트를 사용하는 것이 중요하다(Olhede & Wolfe, 2018). 또한 데이터 수집과 활용 과정에서는 개인의 동의를 철저히 얻고 프라이버시를 보호해야 한다. 둘째, 알고리즘 설계 단계에서 공정성을 명시적인 목표로 설정하고 다양한 집단에 대한 성능을 지속적으로 모니터링해야 한다. 이 과정에서는 보호되어야 할 특성(예: 성별, 인종 등)에 대한 직접적 차별뿐만 아니라 간접적 차별(proxy discrimination)도 방지해야 한다(Gillis & Spiess, 2019). 셋째, 알고리즘 의사 결정 과정을 가능한 한 설명 가능하도록 설계해야 한다. 이를 위해 복잡한 딥러닝 모델 대신 해석 가능한 모델(interpretable models)을 사용하는 방법이 있으며, 라임(LIME, Local Interpretable Model-agnostic Explanations)과 같은 설명 기법을 도입해 의사 결정의 투명성을 높이는 것도 중요하다(Ribeiro et al., 2016). 넷째, 알고리즘의 성능과 공정성을 지속적으로 평가하고 문제가 발견되었을 경우 신속히 수정할 수 있는 체계를 구축해야 한다. 이를 위해 정기적인 알고리즘 감사(algorithmic auditing)를 통해 AI 시스템이 실질적으로 공정성과 신뢰성을 유지할 수 있도록 관리해야 한다(Raji et al., 2020). 마지막으로 알고리즘이 사회에 미치는 영향을 주기적으로 평가하고, 필요할 경우 재설계하는 과정도 중요하다. 이러한 과정에서 다양한 이해관계자가 참여하는 알고리즘 영향 평가(Algorithmic Impact Assessment)를 통해 알고리즘 설계와 운영의 사회적 맥락을 검토하고 개선할 수 있다(Reisman et al., 2018).

데이터와 알고리즘의 윤리적 사용은 AI 시스템이 다양한 사회적 맥락에서 공정성과 신뢰성을 유지하며 운영되도록 돕는 중요한 요소다. 이를 통해 AI 기술은 더욱 책임감 있고 포용적인 방향으로 발전할 수 있으며, 사회적 신뢰를 구축하는 데 기여할 수 있다.

공정성을 구현하기 위한 설계 방법론

데이터와 알고리즘의 윤리적 사용은 AI 시스템의 공정성을 보장하기 위한 중요한 기초를 제공한다. 그러나 공정성을 실질적으로 구현하기 위해서는 이를 지원하는 구체적이고 체계적인 설계 방법론이 필요하다. 공정성을 구현하기 위한 설계 방법론은 크게 기술적 접근과 조직적 접근으로 구분할 수 있다.

기술적 접근은 주로 알고리즘의 편향을 줄이고 공정성을 증진하기 위한 기법으로 구성된다. 대표적인 기법으로 재표본화(resampling), 데이터 정규화(normalization), 그리고 알고리즘 수정(reweighting)이 있다(Hardt et al., 2016). 이러한 기술적 기법은 데이터의 불균형 문제를 완화하고, 알고리즘이 특정 집단에 불공정한 결과를 초래하지 않도록 설계하는 데 중점을 둔다.

공정성을 평가하기 위한 지표를 설정하는 것도 매우 중요하다. 한 연구는 공정성 평가를 위한 다차원적 지표를 제안하며, 특정 지표에만 의존하지 말고 다양한 공정성 관점을 통합적으로 고려할 것을 강조했다(Barocas et al., 2019). 예를 들어 정밀도(precision)와 재현율(recall) 간의 균형, 특정 집단의 과대 또는 과소 대표성 여부 등은 공정성을 평가하는 핵심적인 지표로 활용될 수 있다. 이러한 다각적인 평가 기준은 AI 시스템이 다양한 사회적 맥락에서 공정하게 작동하도록 보장한다.

조직적 접근은 AI 설계와 구현 과정에 다양한 이해관계자를 포함하는 방식을 의미한다. 이는 AI 시스템의 설계 단계에서부터 사회적, 문화적 다양성을 반영함으로써 공정성을 보장하려는 목표를 가진다. 한 연구는 공정한 AI 설계를 위해 다학문적 팀 구성과 사용자 중심 설계 방법론을 제안했다(Whittaker et al., 2018). 다학문적 팀 구성은 기술 전문가뿐만 아니라 윤리학자, 사회학자, 사용자 커뮤니티 대표 등 다양한 분야의 전문가를 포함하여 AI 설계 과정에서 폭넓은 관점을 반영하는 것을 목표로 한다. 사용자 중심 설계 방법론은 최종 사용자의 요구와 맥락을 설계 과정에 통합하여 공정성과 사용자 수용성을 높이는 데 초점을 맞춘다.

공정한 AI 설계는 기술적, 윤리적, 사회적 차원의 복합적인 노력을 요구한다. 글로벌 AI 윤리 지침은 신뢰할 수 있는 AI를 구현하기 위한 기본 원칙을 제공하며, 데이터와 알고리즘의 윤리적 사용은 공정성을 확보하기 위한 필수 기반을 형성한다. 기술적 기법과 조직적 접근을 결합한 설계 방법론은 AI 시스템이 다양한 사회적 맥락에서 공정성을 실현하도록 돕는 중요한 도구로 작용한다. 이러한 원칙과 방법론은 AI 기술이 인간의 가치와 권리를 존중하며 사회적 신뢰를 얻는 데 필수다. 궁극적으로 공정성을 구현하기 위한 설계 방법론은 AI 기술이 사회적 불평등을 줄이고 포용적이고 신뢰할 수 있는 시스템으로 자리 잡도록 지원하는 데 중추적인 역할을 한다.

참고문헌

Bàrocas, S., et al.(2019). *Fairness and machine learning: Limitations and opportunities.* New York, NY: fairmlbook.org.

Binns, R.(2018). Fairness in machine learning: Lessons from political philosophy. Proceedings of the 2018 Conference on Fairness, Accountability, and Transparency (FAT), 149–159. https://doi.org/10.1145/3287560.3287583

Gebru, T., et al.(2018). Datasheets for datasets. arXiv preprint arXiv:1803.09010. https://doi.org/10.48550/arXiv.1803.09010

Gillis, T. & Spiess, J.(2019). Big data and discrimination. *The international journal of human rights*, 23(4), 544-562. https://doi.org/10.1080/13642987.2019.1579984

Hardt, M., et al.(2016). Equality of opportunity in supervised learning. *Advances in neural information processing systems* (NeurIPS), 29, 3315-3323.01

Jobin, A., et al.(2019). The global landscape of AI ethics guidelines. *Nature machine intelligence*, 1(9), 389-399. https://doi.org/10.1038/s42256-019-0088-2

OECD(2019). Recommendation of the Council on Artificial Intelligence. Paris: OECD Publishing. https://legalinstruments.oecd.org/en/instruments/OECD-LEGAL-0449

Olhede, S. C. & Wolfe, P. J.(2018). The growing ubiquity of algorithms in society: Implications, impacts, and innovations. *Proceedings of the royal society a: mathematical, physical and engineering sciences*, 474(2209), 20180201. https://doi.org/10.1098/rspa.2018.0201

Raji, I. D., et al.(2020). Saving face: Investigating the ethical concerns of facial recognition auditing. Proceedings of the AAAI/ACM Conference on AI, Ethics, and Society (AIES), 145-151. https://doi.org/10.1145/3375627.3375820

Reisman, D., et al.(2018). Algorithmic impact assessments: A practical framework for public agency accountability. AI Now Institute.

Ribeiro, M. T., et al.(2016). "Why should I trust you?" Explaining the predictions of any classifier. Proceedings of the 22nd ACM SIGKDD International Conference on Knowledge Discovery and Data Mining, 1135-1144. https://doi.org/10.1145/2939672.2939778

UNESCO(2021). Recommendation on the ethics of artificial intelligence. Paris: UNESCO Publishing. https://unesdoc.unesco.org/ark:/48223/pf0000380455

Whittaker, M., et al.(2018). AI now report 2018. AI Now Institute. https://ainowinstitute.org/AI_Now_2018_Report.pdf

08
AI 공정에 대한 법적, 규제적 접근

AI의 공정성을 확보하기 위해서는 법적 및 규제적 접근이 중요하다. 기술 혁신을 저해하지 않으면서도 AI 시스템이 책임성과 공정성을 지킬 수 있도록 하는 규제 방안이 필요하다. 이러한 규제는 공공과 민간의 협력을 통해 체계적으로 구축되어야 한다.

AI와 한의학?

AI 기술이 공공 기관은 물론 산업 전반에 광범위하게 적용되고 사회의 다양한 측면에 영향을 미칠 가능성이 커지면서 AI 규제는 점점 더 중요하고 복잡한 문제가 되었다. AI 규제는 AI 연구 초기부터 시작되어 오랜 역사를 지닌다. AI 초기에는 AI 개발과 사용을 관장하는 구체적인 규정이 거의 없었으며, 대부분 해당 분야를 발전시키고 AI의 잠재적 응용 분야를 탐색하는 데 중점을 두었다. 그러나 최근 몇 년 동안 AI가 더욱 보편화되고 의존도가 높아짐에 따라 AI의 잠재적 영향과 위험을 이해하고 관리하는 데 많은 관심이 집중되고 있다. 또한 책임감 있고 신뢰할 수 있는 방식으로 AI 기술이 개발 및 사용되도록 하기 위한 규제 감독의 필요성에 대한 인식도 높아지고 있다. 전 세계 정부는 AI 시스템을 규제하기 위해 다양한 접근 방식을 취하고 있다. 일부 정부는 AI 개발 및 사용을 감독하기 위해 특정한 법적 프레임워크 또는 규제 기관을 설립하는 반면, 다른 정부는 규제에 대해 부문별 · 사례별 접근 방식을 취한다. 그러나 전반적으로 AI에 대한 규제 추세는 AI가 책임감 있고 신뢰할 수 있는 방식으로 개발되고 사용되도록 보장하기 위해 감독을 강화하고 명확한 지침을 수립하는 방향으로 진행되고 있다.

글로벌 AI 규제 정책 유형

알고리즘 책임성을 구현하기 위해 공공 부문에서는 다양한 정책 메커니즘이 도입되고 있다. 여기에는 윤리적 원칙과 지침부터 외부 감독 기구 및 조달 조건에 이르기까지 다양한 접근 방식이 포함된다. 아래에서는 마이클 빌 등(Veale & Zuiderveen Borgesius, 2021)의 연구를 토대로 주요 메커니즘과 이를 뒷받침하는 사례를 서술한다.

원칙과 지침(Principles and Guidelines)

비구속적 형태의 윤리적 원칙과 지침은 공공 기관이 알고리즘 시스템을 사용하는 과정에서 방향성을 제공한다. 영국의 데이터 윤리 프레임워크(Data Ethics Framework)는 투명성, 공정성, 책임성을 강조하며 데이터 사용 과정에서 지켜야 할 세부 지침을 제공하고 있다(UK Government, 2020). 또한 우루과이의 인공지능을 위한 국가 전략(National Artificial Intelligence Strategy)은 인간 존중, 투명성, 프라이버시 설계와 같은 기본 원칙을 명시하여 공공 정책 수립 시 참고하고 있다(Agencia de Gobierno Electronico y Sociedad de la Informacion y del Conocimiento, 2019). 이러한 원칙과 지침은 정책 방향을 설정하는 데 유용하지만, 구체적인 실행 방안이 부족할 경우 실질적인 효과를 거두기 어렵다.

금지 및 모라토리엄(Prohibitions and Moratorium)

고위험 기술 사용을 일시적 혹은 영구적으로 금지하는 정책은 공공 안전을 확보하기 위한 강력한 도구로 작용한다. 예를 들어 미국 샌프란시스코와 오클랜드는 공공기관 얼굴 인식 기술 사용 금지 조례(Facial Recognition Technology Ban Ordinance)를 통해 얼굴 인식 기술의 사용을 전면 금지했다(City of San Francisco, 2019). 모로코는 얼굴 인식 기술에 대해 3년간 사용 일시 중지(Moratorium on Facial Recognition Technology)를 시행하며 기술의 잠재적 위험성을 평가하고 있다. 이러한 조치는 기술 사용으로 인한 피해를 최소화하는 데 효과적이지만, 규제 기간 내에 책임 체계를 구축하지 않으면 모라토리엄이 종료된 이후에도 문제를 해결하기 어렵다.

공공 투명성(Public Transparency)

공공 투명성은 알고리즘 시스템의 사용 정보와 결정 과정을 공개하여 시민의 접근성을 높이는 것을 목표로 한다. 프랑스의 「디지털공화국법(The Digital Republic

Act)」은 공공 기관이 사용하는 알고리즘 처리 규칙을 공개하도록 규정하고 있다(France Government, 2016). 핀란드와 암스테르담은 알고리즘 레지스터(Algorithm Register)를 도입하여 알고리즘 사용 정보를 중앙화된 저장소에 공개하고 시민들이 쉽게 접근할 수 있도록 하고 있다(Municipality of Amsterdam, 2020). 투명성 메커니즘은 정보 제공 방식의 표준화와 대상 청중에 대한 명확한 고려가 필요하다.

영향 평가(Impact Assessments)

알고리즘 영향 평가(AIA)는 알고리즘 시스템이 개인, 사회, 환경에 미치는 영향을 사전에 평가하고 위험을 완화하는 데 중요한 역할을 한다. 캐나다의 자동화 의사 결정 지침(Directive on Automated Decision-Making)은 설계 단계부터 AIA를 요구하며, 이를 공개적으로 제공하여 투명성을 높이고 있다(Government of Canada, 2020). 뉴질랜드는 알고리즘 헌장(Algorithm Charter for Aotearoa New Zealand)을 통해 간단한 위험 매트릭스를 기반으로 평가를 수행하고 있다(Government of New Zealand, 2020). 샌프란시스코는 지방 정부 차원에서 사회적 영향 평가 도구(Social Impact Assessment

Tool)를 개발했다. 영향 평가가 효과적이려면 관련 커뮤니티의 참여와 명확한 후속 조치 메커니즘이 필요하다.

감사와 규제 검사(Audits and Regulatory Inspection)

감사는 알고리즘 시스템의 성능과 규정 준수 여부를 점검하는 필수 절차다. 영국의 AI 감사 프레임워크(AI Audit Framework)는 기술적 신뢰성과 사회적 영향을 모두 평가하여 알고리즘의 편향성을 점검한다(UK Centre for Data Ethics and Innovation, 2021). 미국에서는 법 집행용 알고리즘 검토(Law Enforcement Algorithm Review)를 통해 알고리즘의 공정성과 편향성을 지속적으로 평가하고 있다. 효과적인 감사를 위해서는 독립적이고 권한 있는 외부 감사자의 역할이 중요하다.

외부/독립적 감독 기구(External/Independent Oversight Bodies)

외부 감독 기구는 알고리즘 시스템의 운영과 영향을 지속적으로 감시하고 조언할 수 있는 독립적인 역할을 수행한다. 독일의 데이터 윤리 위원회(Data Ethics Commission)와 뉴욕의 알고리즘 관리 및 정책 사무소(Office of Algorithmic Management and Policy)가 대표적 사례다(Germany Data Ethics Commission, 2019; New York City Council, 2018). 이러한 기구는 공공 신뢰를 구축하는 데 기여하지만, 충분한 자원과 권한이 보장되지 않으면 효과가 제한적일 수 있다.

청문과 항소권(Rights to Hearings and Appeal)

청문과 항소권은 알고리즘 기반 의사 결정에 영향을 받은 개인이 이의를 제기하고 공정한 조정을 받을 수 있는 권리를 보장한다. 유럽 연합의 일반 데이터 보호 규정(GDPR, General Data Protection Regulation)은 데이터 주체가 알고리즘 의사 결정의 이유를 설명받고 이를 거부할 수 있는 권리를 제공한다(European Union, 2016). 이러한 권리는 기술적 문제 해결뿐 아니라 인간 중심의 접근 방식을 강화한다.

조달 조건(Procurement Conditions)

조달 조건은 공공 부문에서 알고리즘 시스템을 구매할 때 윤리적 기준과 책임성을 보장하도록 요구한다. 싱가포르의 AI 조달 가이드라인(AI Procurement Guidelines)은 투명성과 공정성을 포함한 명확한 기준을 제시해 공공 자금이 책임 있는 기술로 유입되도록 한다(Singapore

Government, 2020). 영국은 책임 있는 AI 조달 프레임워크(Responsible AI Procurement Framework)를 통해 공공 기관이 알고리즘 시스템을 조달할 때 윤리적 책임과 기술적 신뢰성을 충족하도록 한다(UK Government, 2021). 이러한 조건은 공공 자금이 사회적으로 책임 있는 기술 개발로 이어질 수 있도록 보장하며, 조달 과정에서 기술적 품질과 윤리적 기준 간의 균형을 유지하도록 돕는다.

이러한 메커니즘은 공공 부문에서 알고리즘 책임성을 확보하고 사회적 신뢰를 구축하는 데 중요한 역할을 한다. 각국의 사례를 통해 정책 도구들이 어떻게 적용되고 있으며, 이를 통해 얻을 수 있는 교훈이 무엇인지 이해할 수 있다. 이를 바탕으로 공공 정책 수립 시 보다 효과적인 실행 방안을 모색해야 한다.

AI 규제 법적 프레임워크: EU와 미국 사례

인공지능 기술의 급속한 발전과 함께 이를 규제하기 위한 법적 프레임워크의 필요성이 전 세계적으로 대두되고 있다. 특히 유럽 연합과 미국은 AI 시스템의 위험성을 평가하고 그에 따른 규제를 도입하려는 노력을 기울이고 있다.

유럽 연합은 2021년 4월 AI 법안(Artificial Intelligence Act)을 발의하여 AI 시스템에 대한 포괄적인 규제 프레임워크를 제시했다. 이 법안은 위험 기반 접근법을 채택하여 AI 시스템을 위험 수준에 따라 분류하고, 고위험 AI 시스템에 대해 엄격한 규제를 적용한다(European Commission, 2021). 유럽 연합 AI 법안은 AI 시스템을 금지된 AI, 고위험 AI, 제한된 위험 AI, 최소 위험 AI로 분류하고 있다. 고위험 AI 시스템은 시장 출시 전 적합성 평가, 위험 관리 시스템 구축, 데이터 거버넌스, 문서화 및 기록 보관, 투명성 및 정보 제공, 인간의 감독, 정확성 · 견고성 · 사이버 보안 등의 요구 사항을 충족해야 한다. 또한 유럽 연합 AI 법안은 AI 가치 사슬에 참여하는 모든 이해관계자(제공자, 수입업자, 유통업자, 사용자)의 책임과 의무를 명확히 규정하고 있다. 이 법안은 기술 혁신과 공공 안전 간의 균형을 유지하며, AI 기술의 신뢰성을 확보하려는 유럽 연합의 전략적 접근을 보여준다.

한편 미국에서는 2022년 알고리즘 책임법(Algorithmic Accountability Act)이 발의되었다. 이 법안은 AI 시스템을 포함한 자동화된 의사 결정 시스템에 대한 영향 평가를 의무화하는 것을 주요 내용으로 한다(US Congress,

2022). 연간 매출 5000만 달러 이상 또는 100만 명 이상의 개인 정보를 보유한 기업은 자동화된 의사 결정 시스템에 대한 영향 평가를 수행해야 하며, 이는 시스템의 설계와 훈련 데이터를 평가하고 시스템이 정확성, 공정성, 편향성, 차별에 미치는 영향을 분석해야 한다. 연방거래위원회(FTC, Federal Trade Commission)는 이러한 영향 평가 수행에 대한 세부 규정을 마련하고 법 준수를 감독하며, 기업이 의무를 이행하지 않으면 제재를 가한다. 이러한 미국의 접근 방식은 AI 기술의 사용과 데이터 보호 간의 균형을 맞추는 데 중점을 두며, 기업이 기술적 윤리를 준수하도록 유도한다.

유럽 연합과 미국의 법안은 접근 방식에서 공통점과 차이점을 모두 갖고 있다. 공통점은 두 법안 모두 AI 시스템의 책임성과 투명성을 강화하기 위한 메커니즘을 도입하며, 고위험 시스템에 대한 엄격한 요구 사항을 통해 공공 안전과 기본권을 보호하려고 한다는 것이다. 하지만 유럽 연합은 위험 기반 분류를 중심으로 AI 기술 전반을 포괄하는 규제 프레임워크를 구축하고 시장 출시 전 규제를 강조하는 반면 미국은 기업의 자율성을 유지하면서도 사후적인 책임을 강화하는 영향을 중점으로 한다는 데 차이점이 있다.

두 법안 모두 AI 시스템의 공정성과 편향성 문제를 직접적으로 다루고 있지는 않지만, 고위험 AI 시스템에 대한 요구 사항이나 영향 평가를 통해 간접적인 접근 방식을 보인다. 이러한 규제 노력은 AI 기술의 혜택을 누리면서도 그 위험성을 최소화하려는 균형 잡힌 접근을 보여준다. 앞으로 이러한 법안들이 실제로 어떻게 시행되고 AI 시스템의 발전과 사용에 어떤 영향을 미칠지 주목할 필요가 있다.

참고문헌

Agencia de Gobierno Electronico y Sociedad de la Informacion y del Conocimiento(2019). National Artificial Intelligence Strategy.
https://www.agesic.gub.uy

City of San Francisco(2019). Facial Recognition Technology Ban Ordinance.
https://sfgov.org

European Commission(2021a). Proposal for a Regulation of the European Parliament and of the Council Laying Down Harmonised Rules on Artificial Intelligence (Artificial Intelligence Act).
https://eur-lex.europa.eu

European Commission. (2021b). Explanatory Memorandum of the Artificial Intelligence Act. Retrieved from
https://ec.europa.eu

European Union(2016). General Data Protection Regulation (GDPR).
https://gdpr-info.eu

Federal Trade Commission(2022). FTC Guidance on Algorithmic Accountability Act Implementation.
https://www.ftc.gov

France Government(2016). The Digital Republic Act.
https://www.gouvernement.fr

Germany Data Ethics Commission(2019). Opinion of the Data Ethics Commission.
https://www.bmj.de

Government of Canada(2020). Directive on Automated Decision-Making.
https://www.canada.ca

Government of New Zealand(2020). Algorithm Charter for Aotearoa New Zealand.
https://www.data.govt.nz

Municipality of Amsterdam(2020). Algorithm Register.
https://www.amsterdam.nl

New York City Council(2018). Office of Algorithmic Management and Policy.
https://www.nyc.gov

OECD(2019). OECD AI Principles.
https://www.oecd.org

Singapore Government(2020). AI Procurement Guidelines.
https://www.smartnation.gov.sg

UK Centre for Data Ethics and Innovation(2021). AI Audit Framework.
https://www.gov.uk

UK Government(2020). Data Ethics Framework.
https://www.gov.uk

UK Government(2021). Responsible AI Procurement Framework.
https://www.gov.uk

US Congress(2022). Algorithmic Accountability Act of 2022.
https://www.congress.gov

Veale, M. & Zuiderveen Borgesius, F.(2021). Algorithmic accountability for the public sector: Learning from the first wave of policy implementation.
https://arxiv.org

09
편향 해결을 위한 기술적 접근

AI의 편향 문제를 해결하기 위해 다양한 기술적 접근이 활용된다. 이를 통해 편향을 줄이고 공정한 결과를 구현하는 것이 가능하다. 이 장에서는 주요 편향 완화 기술과 함께 최근 주목받고 있는 생성형 AI에서의 편향 문제 해결 방안을 살펴보고 이러한 기술의 실질적 적용과 한계에 대해 논의한다.

AI와 화장품?

데이터 전처리를 통한 편향 완화

AI 시스템에서 발생하는 편향은 주로 학습 데이터의 불균형이나 잘못된 데이터 사용에서 비롯되므로 데이터 전처리 단계에서 이를 줄이는 것이 매우 중요하다. 데이터 전처리는 AI가 학습하는 데이터를 정리하고 조정함으로써 편향을 완화하는 과정을 포함한다. 주요 데이터 전처리 방법은 다음과 같이 정리된다. 첫째, 데이터 재샘플링이다. 데이터 재샘플링은 과소 대표된 그룹(예: 소수자 집단)의 데이터를 늘리거나(oversampling), 과대 대표된 그룹(예: 다수자 집단)의 데이터를 줄이는(undersampling) 방법이다. 예를 들어 한 학급에 학생이 50명인데 남학생이 45명, 여학생이 5명인 경우, 여학생 데이터를 늘리거나 남학생 데이터를 줄여 비율을 맞출 수 있다. 이러한 과정을 통해 AI가 학습할 때 특정 집단에 치우치지 않도록 한다. 대표적인 기법으로는 스모트(SMOTE, Synthetic Minority Over-sampling Technique)가 있는데, 소수자의 데이터를 인공적으로 생성하여 데이터 불균형 문제를 해결한다(Chawla et al., 2002). 둘째, 데이터 증강으로 기존 데이터를 약간 변형하여 새로운 데이터를 생성하는 방법이다. 주로 이미지 데이터에 사용되며 사진을 회전하거나 반전시키고 크기를 조정하는 등의 방식으로 데이터를 확장한다. 예를 들어 소수 집단의 이미지 데이터를 증강하여 AI가 다양한 데이터를 학습할 수 있도록 한다. 이를 통해 AI 모델이 더 공정하게 학습하도록 돕는다(Xu et al., 2019). 셋째, 민감한 특성 제거다. 해당 기술은 AI가 성별이나 인종과 같은 민감한 정보를 이용해 편향된 결과를 내지 않도록 데이터를 조정하는 방법이다. 성별이나 이름 대신 중립적인 코드로 데이터를 표시하면 성별에 따른 차별을 줄일 수 있다. 예를 들어 이력서 평가에서 지원자의 성별 정보를 제거하면 공정성이 높아질 수 있다. 그러나 성별 정보가 없어도 이름의 길이나 특정 학교 이름 같은 간접적인 특성으로 편향이 다시 나타날 수 있다는 한계도 존재한다(Pedreshi et al., 2008). 넷째, 데이터 균형화다. 해당 기술은 특정 집단의 과대 또는 과소 대표 문제를 해결하기 위해 데이터를 재구성하는 방식이다. 예를 들어 특정 직업군에 특정 성별이 지나치게 많은 경우 데이터를 조정해 성별 비율을 맞춤으로써 AI가 특정 집단에 대해 불공정하게 학습하지 않도록 한다(Olhede & Wolfe, 2018). 다섯째, 재표본화로 과소 대표된 그룹을 증대하거나 과대 대표된 그룹의 데이터를 줄여 데이터의 비율을 조정하는 방법이다. 이 방식은 데이터를 다시 구성하여 AI가 더욱 균형 잡힌 시각으로 학습하도록 돕는다(Binns, 2018). 마지막으로 정규화는 데이터 속성의 분포를 균등하게 조정하는 방법이다. 예를 들어 나이와 소득 같은 연속형 데이터는 규모의 차이가 클 수 있다. 20세와 50세인 두 사람의 데이터를 비교할 때, AI가 숫자가 큰 쪽에 더 큰 중요성을 부여하지 않도록 나이 데이터를 일정한 범위(예: 0~1)로 조정할 수 있다. 이러한 정규화 과정을 통해 AI가 특정 속성에 과도하게 의존하지 않게 된다.

이와 같은 데이터 전처리 방법은 AI 모델의 공정성과 신뢰성을 높이는 데 매우 중요한 역할을 한다. 편향을 줄이는 과정은 단순히 데이터를 수정하는 것을 넘어 AI 시스템이 더 많은 사람에게 공평한 결과를 제공하도록 설계하는 기본적인 단계다.

알고리즘 수정을 통한 편향 완화

AI 모델의 편향 문제는 데이터 전처리만으로는 완전히 해결하기 어려운 경우가 많다. 따라서 AI 모델의 알고리즘 자체를 수정하여 공정성을 높이고 편향을 줄이는 방법이 개발되고 있다. 이러한 방법은 주로 모델 학습 과정에 공정성을 고려한 제약 조건을 추가하거나 모델이 편향된 데이터를 학습하지 않도록 설계하는 데 초점이 맞춰져 있다. 주요 알고리즘 수정 기법에는 제약 조건 최적화, 적대적 학습, 다중 작업 학습, 재가중치, 대립적 학습 등이 있다.

제약 조건 최적화는 모델이 학습하는 동안 공정성 관련 조건을 추가하여 특정 편향이 나타나지 않도록 하는 방법이다. 예를 들어 분류 알고리즘에 "인구 통계학적 평등(demographic parity)"이라는 제약 조건을 적용할 수 있다(Zafar et al., 2017). 이를 통해 알고리즘이 성별, 인종 등 특정 집단에 대해 불균형한 결과를 내지 않도록 설계한다. 또 다른 예로 가능성의 평등(Equalized Odds)이라는 공정성 기준이 있다. 이는 AI 모델이 모든 집단에서 예측 오류율을 동일하게 유지하도록 설계하는 방법으로 특정 그룹에 대해 지나치게 높은 오류율이 나타나는 문제를 해결한다(Hardt et al., 2016).

적대적 학습은 주 모델과 함께 편향을 탐지하고 수정하는 "적대적 모델(adversarial model)"을 학습시키는 방법이다. 주 모델은 예측 정확도를 높이기 위해 학습하는 반면, 적대적 모델은 주 모델이 편향된 특성을 학습하지 못하도록 방해한다. 이 방법을 통해 성별 편향을 효과적으로 줄이는 동시에 높은 예측 정확도를 유지할 수 있는 모델을 개발한 사례가 있다(Zhang et al., 2018).

다중 작업 학습은 주요 작업과 공정성 관련 작업을 동시에 학습하는 방식이다. 예를 들어 얼굴 인식 시스템에서 주요 작업인 "얼굴 인식"과 함께 성별 및 인종 편향을 줄이는 작업을 병행해 학습시킬 수 있다. 이러한 방식을 통해 얼굴 인식 시스템에서 성별과 인종에 따른 편향 문제가 개선되었다(Kim et al., 2019). 이 방법은 다양한 목표를 동시에 달성할 수 있도록 설계되어 효과적이다.

재가중치는 모델이 학습하는 동안 특정 집단의 데이터를 더 높은 중요도로 반영하도록 가중치를 부여하는 방식이다. 이를 통해 소수 집단에 대한 데이터가 더 많이 반영되도록 하여 모델의 편향을 줄이고 성능의 균형을 맞출 수 있다. 이 방법은 데이터의 대표성을 강화하고, 모델이 특정 집단에 유리하거나 불리한 결과를 내지 않도록 돕는다.

마지막으로 대립적 학습은 AI 모델이 특정 민감한 속성(예: 성별, 인종 등)을 학습하거나 예측하지 못하도록 설계하는 방식이다. 이러한 대립적 네트워크를 활용하여 모델이 공정성을 유지하면서도 높은 성능을 발휘하도록 설계할 수 있다(Zemel et al., 2013). 이 방법은 AI 모델이 민감한 속성과 관련된 편향을 완전히 배제할 수 있도록 훈련 과정을 설계하는 데 유용하다.

이처럼 알고리즘 수정을 통한 편향 완화 방법은 AI 모델이 학습 과정에서 공정성을 더 많이 고려하도록 설계되어 있다. 이러한 기법들은 AI 모델의 성능과 공정성 간의 균형을 맞추는 데 중요한 역할을 한다. 이 과정에서 공정성을 위한 제약 조건과 학습 목표를 신중히 설정하면, 편향 문제를 효과적으로 줄일 수 있다. AI 모델의 설계와 학습 과정에서 이러한 방법들을 적용하면 기술적 편향을 줄이고 사회적 신뢰를 높이는 데 기여할 수 있다.

결과 후처리를 통한 편향 완화

AI 모델은 학습 과정에서 편향을 완화하기 위해 많은 노력을 기울이지만, 학습 이후에도 결과를 조정하여 편향을 줄일 수 있다. 이러한 과정을 결과 후처리라고 하며 주로 모델의 성능 자체를 크게 변경하지 않으면서 결과를 공정하게 만드는 데 중점을 둔다. 결과 후처리를 통해 AI 시스템이 특정 집단에 불리한 결과를 줄이고 더 공정한 결정을 내릴 수 있도록 돕는다. 주요 기법으로는 임계값 조정, 캘리브레이션(calibration), 앙상블 방법이 있다.

임계값 조정(threshold adjustment)은 AI 모델이 예측을 내릴 때 사용하는 기준값(임계값)을 조정하여 공정성을 개선하는 방법이다. 집단별로 다른 임계값을 적용함으로써 예측 결과에서 발생할 수 있는 불공정한 차이를 줄인다. 한 연구는 이러한 방법을 통해 동등한 기회(equal opportunity) 기준을 만족시키는 방식을 제안했다(Hardt et al., 2016). 예를 들어 대출 심사 AI 모델에서 특정 그룹이 더 높은 거절률을 보인다면, 해당 그룹의 임계값을 낮춰 대출 승인 기회를 늘리는 방식으로 공정성을 개선할 수 있다.

캘리브레이션은 모델이 예측한 결과 확률을 조정하여 각 집단에 대해 예측 결과가 일관되게 해석되도록 만드는 기법이다. 캘리브레이션을 활용하여 다중 공정성 기준을 동시에 만족시키는 방법이 개발되었다(Pleiss et al., 2017). 이를 통해 AI 모델이 동일한 확률로 예측한 결과를 모든 집단에서 같은 의미로 받아들일 수 있도록 한다. 예를 들어 "80% 확률로 합격할 것"이라는 예측이 모든 집단에 대해 같은 기준으로 해석되도록 조정할 수 있다.

앙상블 방법은 여러 개의 모델을 결합하여 편향을 줄이는 접근 방식이다. 한 연구는 다양한 공정성 제약 조건을 만족시키는 분류기 앙상블 알고리즘을 제안했다(Kearns et al., 2018). 이 기법은 개별 모델의 예측 결과를 조합하여 더 공정한 결정을 내릴 수 있도록 설계된다. 예를 들어 하나의 모델이 특정 그룹에 대해 편향된 결과를 보이면 다른 모델의 결과를 함께 활용하여 이를 상쇄할 수 있다.

마지막으로 결과 재조정(result recalibration)은 모델의 예측값을 수정하여 특정 집단 간 공정성 격차를 줄이는 데 활용된다. 예를 들어 AI 모델이 특정 집단에 대해 예측 오류를 자주 범하면 결과를 조정하여 이러한 오류를 줄일 수 있다. 페어런(Fairlearn)은 AI 및 머신러닝 모델에서 발생할 수 있는 공정성 문제를 분석하고 완화하기 위한 오픈 소스 도구다. 해당 도구는 마이크로소프트에서 개발되었으며, AI 시스템 개발자와 데이터 과학자가 공정성을 평가하고 편향을 완화할 수 있도록 설계되었다. 특히 페어런은 AI 모델의 예측이 특정 집단(예: 성별, 인종, 경제적 배경)에 대해 불공정하게 작동하지 않도록 돕는 데 초점을 맞춘다(Potash et al., 2021). 페어런과 같은 도구는 이러한 후처리 공정성 알고리즘을 제공하여 예측값을 재조정함으로써 특정 집단에 대한 불공정한 차이를 완화할 수 있다(Binns, 2018).

결과 후처리는 모델 성능을 유지하면서도 공정성을 높이는 실질적인 방법이다. 학습 과정에서 완벽히 해결되지 못한 편향 문제를 결과 단계에서 완화할 수 있다는 점에서 매우 유용하다. 이러한 기법은 특히 의료, 금융, 채용 등 민감한 영역에서 AI 모델이 신뢰를 얻고, 다양한 사회적 맥락에서 공정하게 작동하도록 돕는다. AI를 설계하고 활용하는 과정에서 결과 후처리를 적극적으로 적용한다면 공정성과 신뢰성을 동시에 확보할 수 있을 것이다.

생성형 AI에서의 편향 해결 방법

최근 생성형 AI는 텍스트, 이미지, 동영상 등을 자동으로 생성하는 기술로 주목받고 있다. 하지만 이러한 모델도 학습 데이터에 내재된 편향을 반영하거나 생성 과정에서 편향을 증폭시키는 문제가 발생할 수 있다. 이 문제를 해결하기 위해 다양한 접근법이 제시되고 있다.

생성형 AI의 편향을 줄이기 위해서는 먼저 학습 데이터의 다양성을 확보해야 한다. 데이터세트에 다양한 인종, 성별, 문화 정보가 고르게 포함되도록 구성하면 모델이 더 균형 잡힌 결과를 생성할 수 있다. 한 연구는 다양한 인종과 성별을 포함한 이미지 데이터세트를 구축하여 이미지 생성 모델의 편향을 완화하는 데 성공했다 (Ramaswamy et al., 2021). 이를 통해 특정 집단에 대한 과소 대표 문제를 해결하고 공정성을 높일 수 있다.

프롬프트 엔지니어링은 생성형 AI에 입력하는 문장(프롬프트)을 신중히 설계하여 편향된 결과를 줄이는 방법이다. 최근 성별 중립적인 단어를 사용한 프롬프트를 활용하여 텍스트 생성 모델의 성별 편향을 감소시키는 데 성공했다(Liu et al., 2021). 예를 들어 "의사는 누구입니까?"라는 질문을 던질 때 성별에 관계없이 중립적인 답변을 도출하도록 설계할 수 있다.

생성 과정에서 모델의 잠재 공간(latent space)을 조작하는 방법도 있다. 잠재 공간은 생성형 AI가 다양한 특성을 학습하여 출력에 반영하는 영역이다. 한 연구는 얼굴 생성 모델에서 성별, 나이, 표정과 같은 특성을 제어함으로써 편향된 결과를 줄이는 기술을 제안했다(Shen et al., 2020). 이를 통해 사용자가 원하는 특성을 가진 콘텐츠를 정확히 생성할 수 있다.

생성형 AI의 학습 데이터에서 편향 요소를 제거하거나 데이터의 구성 비율을 조정하는 것도 효과적이다. 특히 대규모 언어 모델의 경우, 데이터 수집 단계에서 특정 집단에 불리한 표현을 걸러 내고 공정성을 보장하는 필터링 작업이 필수다(Gehman et al., 2020). 이러한 품질 개선은 모델이 불공정한 내용을 학습하는 것을 방지한다.

미세 조정(Fine-tuning)은 이미 학습된 모델을 추가 데이터로 재훈련하는 방법으로, 공정성 기준을 강화하는 데 유용하다. 이 방법은 기존 모델에서 발견된 편향 패턴을 줄이고 특정 그룹에 대한 불공정한 결과를 개선하는 데 도움을 준다. 예를 들어 텍스트 생성 모델에서 특정 단어 사용 빈도를 조정하여 성별, 인종 등의 편향을 줄일 수 있다.

마지막으로 대립적 평가(Adversarial Evaluation)는 생성형 AI의 결과물을 대립적 네트워크로 평가하여 편향을 식별하고 교정하는 방법이다. 이 과정에서는 생성된 콘텐츠가 특정 집단에 차별적이거나 불공정한지 분석하고, 필요하면 결과를 수정한다. 이 방법은 모델이 생성하는 콘텐츠의 공정성을 보장한다.

이와 같은 다양한 접근법은 생성형 AI 모델이 학습 과정에서 편향을 줄이고 생성 결과에서 공정성을 높이는 데 중요한 역할을 한다. 생성형 AI는 기술적으로 뛰어난 도구이지만 사회적 책임과 공정성을 담보해야만 신뢰받는 기술로 자리 잡을 수 있다. 따라서 학습 데이터의 구성, 프롬프트 설계, 모델 제어 및 평가와 같은 다각적인 노력을 통해 공정한 AI 기술을 구현하는 것이 필요하다.

실질적 적용과 한계

이러한 기술적 접근법은 AI 시스템의 편향 완화에 상당히 기여하고 있지만, 실질적 적용에서 몇 가지 한계점이 존재한다. 첫째, 공정성 기준의 다양성은 중요한 과제로 여러 공정성 기준 사이의 상충 관계로 인해 모든 기준을 동시에 만족시키기 어렵다(Kleinberg et al., 2016). 따라서 상황에 따라 적절한 공정성 기준을 선택하는 것이 필요하다. 둘째, 정확성과의 상충 관계는 또 다른 한계로 편향을 줄이기 위한 조치가 모델의 전체적인 정확성을 저하시킬 수 있다. 이는 의료, 금융 등 고위험 분야에서 중요한 문제가 될 수 있다. 셋째, 계산 비용 역시 많은 편향 완화 기법에서 추가적인 계산 자원을 요구하며, 이는 대규모 모델이나 실시간 시스템에서 적용하기 어려울 수 있다. 넷째, 설명 가능성의 문제도 제기된다. 일부 편향 완화 기법은 모델의 복잡성을 증가시켜 해석이 어려워지며, 이는 AI 시스템의 투명성과 책임성을 확보하는 데 장애물이 될 수 있다. 다섯째, 동적 환경에서의 적용은 또 다른 도전 과제로 많은 편향 완화 기법이 정적인 데이터세트를 가정하고 있어 실시간으로 변화하는 환경에서 지속적으로 공정성을 유지하기 어렵다.

편향 완화 기술은 연구 단계에서 효과를 보였지만, 실

제 환경에서의 적용에는 여전히 많은 과제가 남아 있다. 데이터 전처리는 편향을 줄이는 데 유용하지만 과소 표현된 데이터가 부족할 경우 실제적인 공정성을 달성하기 어렵다(Gillis & Spiess, 2019). 알고리즘 수정은 모델 성능과 공정성 간의 균형을 맞추는 데 한계가 있으며, 공정성을 강화하려는 과정에서 모델의 예측 정확도가 감소할 가능성이 있다(Hardt et al., 2016). 결과 후처리는 모델 성능을 변경하지 않으면서 공정성을 보장하지만, 이는 특정 상황에서만 효과적일 수 있다. 생성형 AI의 경우, 대규모 데이터세트의 관리와 공정성 기준의 일관된 적용이 어렵다는 과제가 남아 있다. 또한 다양한 문화적 맥락에서 공정성을 정의하고 평가하는 데 합의가 부족하다(Gehman et al., 2020). 따라서 이러한 기술적 접근은 도구와 전략의 한계를 인식하면서도 계속해서 발전시켜야 한다.

AI 시스템의 편향 해결을 위한 기술적 접근은 꾸준히 발전하고 있지만 여전히 많은 과제가 남아 있다. 향후 연구에서는 이러한 한계점을 극복하고 보다 실용적이고 효과적인 편향 완화 기법을 개발하는 것이 중요하다. 또한 기술적 접근만으로는 AI 편향 문제를 완전히 해결하기 어려우므로 법적, 제도적, 윤리적 접근과의 통합적인 노력이 필요하다.

참고문헌

Binns, R.(2018). Fairness in machine learning: Lessons from political philosophy. Proceedings of the 2018 Conference on Fairness, Accountability, and Transparency, 149-159. https://doi.org/10.1145/3287560.3287583

Chawla, N. V., et al.(2002). SMOTE: Synthetic minority over-sampling technique. *Journal of artificial intelligence research*, 16, 321-357. https://doi.org/10.1613/jair.953

Gehman, S., et al.(2020). RealToxicityPrompts: Evaluating neural toxic degeneration in language models. Proceedings of the 2020 Conference on Empirical Methods in Natural Language Processing (EMNLP), 3356-3369. https://doi.org/10.18653/v1/2020.emnlp-main.277

Gillis, T. & Spiess, J.(2019). Big data and discrimination. *The cambridge handbook of consumer privacy*, 369-392. https://doi.org/10.1017/9781108524895.017

Hardt, M., et al.(2016). Equality of opportunity in supervised learning. *Advances in neural information processing systems*, 29, 3315-3323. https://proceedings.neurips.cc/paper/2016/file/9d2682367c3935defcb1f9e247a97c0d-Paper.pdf

Kearns, M., et al.(2018). Preventing fairness gerrymandering: Auditing and learning for subgroup fairness. International Conference on Machine Learning, 2564-2572.

Kim, M. P., et al.(2019). Multiaccuracy: Black-box

post-processing for fairness in classification. Proceedings of the 2019 AAAI/ACM Conference on AI, Ethics, and Society, 247-254.

Kleinberg, J., et al.(2016). Inherent trade-offs in the fair determination of risk scores. Proceedings of the 8th Innovations in Theoretical Computer Science Conference (ITCS 2017), 43:1-43:23. https://doi.org/10.4230/LIPIcs.ITCS.2017.43

Liu, L. T., et al.(2021). Delayed impact of fair machine learning. *Journal of machine learning research*, 22(1), 1-33.

Mitchell, M., et al.(2021). Algorithmic fairness: Choices, assumptions, and definitions. *Annual review of statistics and its application*, 8, 141-163. https://doi.org/10.1146/annurev-statistics-042720-125902

Olhede, S. C. & Wolfe, P. J.(2018). The growing ubiquity of algorithms in society: Implications, impacts, and innovations. *Proceedings of the royal society a: mathematical, physical and engineering sciences*, 474(2217), 20180069. https://doi.org/10.1098/rspa.2018.0069

Pedreshi, D., et al.(2008). Discrimination-aware data mining. Proceedings of the 14th ACM SIGKDD International Conference on Knowledge Discovery and Data Mining, 560-568. https://doi.org/10.1145/1401890.1401959

Pleiss, G., et al.(2017). On fairness and calibration. *Advances in neural information processing systems*, 30, 5680-5689. https://proceedings.neurips.cc/paper/2017/file/a486cd07e4ac3d270571622f4f316ec5-Paper.pdf

Ramaswamy, H. G., et al.(2021). Balanced datasets are not enough: Estimating and mitigating gender bias in deep image representations. Proceedings of the IEEE/CVF International Conference on Computer Vision (ICCV), 1863-1871. https://doi.org/10.1109/ICCV48922.2021.00189

Shen, Y., et al.(2020). Interpreting the latent space of GANs for semantic face editing. Proceedings of the IEEE/CVF Conference on Computer Vision and Pattern Recognition (CVPR), 9243-9252. https://doi.org/10.1109/CVPR42600.2020.00926

Xu, D., et al.(2019). FairGAN: Fairness-aware generative adversarial networks. IEEE International Conference on Big Data, 570-575.

Zafar, M. B., et al.(2017). Fairness beyond disparate treatment and disparate impact: Learning classification without disparate mistreatment. Proceedings of the 26th International Conference on World Wide Web (WWW '17), 1171-1180. https://doi.org/10.1145/3038912.3052660

Zhang, B. H., et al.(2018). Mitigating unwanted biases with adversarial learning. Proceedings of the 2018 AAAI/ACM Conference on AI, Ethics, and Society, 335-340. https://doi.org/10.1145/3278721.3278779

10
공정한 AI를 위한 미래 비전

AI 기술은 우리 삶을 혁신적으로 변화시키는 동시에 공정성과 윤리적 책임이라는 중요한 도전에 직면해 있다. AI의 잠재력을 최대한 활용하면서 사회적 불평등과 편향을 극복하기 위해서는 기술적 혁신과 윤리적 가치를 조화롭게 결합해야 한다. 이 장에서는 공정한 AI를 구현하기 위한 비전과 이를 실현하기 위한 실천 방안을 제시하며, 모든 이해관계자가 협력하여 AI를 포용적이고 신뢰할 수 있는 도구로 만들어 가는 방향을 모색한다.

종교와 AI?

AI가 사회 전반에 미치는 영향이 더욱 확대됨에 따라 책임감 있는 AI 개발과 윤리적 활용의 중요성이 그 어느 때보다 강조되고 있다. 그동안 AI 개발은 성능과 효율성 향상에 초점을 맞춰 왔지만, 이제는 공정성, 투명성, 설명가능성과 같은 윤리적 가치를 핵심 성능 지표로 설정해야 한다. 이에 따라 공정한 AI 실현을 위한 미래 비전을 제시하고, 이를 달성하기 위한 구체적인 실행 방안을 탐색하고자 한다. AI 기술이 사회적 신뢰를 구축하고 지속가능한 발전을 이루기 위해서는 기술적, 제도적, 교육적 측면에서의 다각적인 접근이 필요하며 이를 위한 전략적 방향성과 실천 과제를 논의하는 장이 마련되어야 한다.

국제적 협력과 글로벌 거버넌스

AI 기술은 국경을 초월하여 발전하고 활용되는 특성이 있으므로 국제적인 협력과 거버넌스 체계 구축이 필수다(Crawford, 2021). 특히 AI 공정성과 관련된 국제 표준화 작업이 활발히 진행되고 있으며, 국제표준화기구와 국제전기기술위원회 산하의 인공지능표준화소위원회(ISO/IEC JTC 1/SC 42)와 같은 기구를 중심으로 AI 시스템의 공정성 평가 기준이 마련되고 있다(Hind et al., 2020). 이러한 표준화는 AI 개발과 활용 과정에서 공정성을 확보하고 일관된 윤리적 기준을 적용하는 데 중요한 역할을 한다.

또한 글로벌 AI 윤리 가이드라인 수립도 중요한 과제다. 유네스코, OECD 등 국제기구는 AI 윤리 원칙을 제정하며 이는 각국의 AI 정책과 규제 프레임워크 수립에 핵심적인 기준이 되고 있다(Jobin et al., 2019). 특히 공정성, 투명성, 책임성과 같은 윤리적 가치에 대한 국제적 합의를 도출하고 이를 효과적으로 실천할 수 있는 정책적, 기술적 방안을 마련하는 것이 필요하다. 이와 함께 국제 공동 연구 및 데이터 공유 체계 구축도 시급한 과제다. AI 시스템의 공정성을 높이기 위해서는 다양한 문화적, 사회적 맥락을 반영한 데이터세트가 필요하지만, 개별 국가나 기관의 노력만으로 이를 달성하기는 어렵다(Mehrabi et al., 2021). 따라서 국경을 초월한 데이터 공유와 협력 연구를 통해 편향을 최소화하고 보다 포괄적인 AI 시스템을 구축하려는 노력이 요구된다.

공정한 AI 구현을 위한 교육과 인재 양성

공정한 AI를 구현하기 위해서는 기술 개발자부터 일반 시민까지 폭넓은 계층을 대상으로 한 교육과 인재 양성이 필수다. 특히 AI 윤리 교육 커리큘럼 개발이 필요하다. 단순한 기술적 역량을 넘어 윤리적 판단력과 사회적 책임감을 함께 함양할 수 있는 교육 프로그램 (Holstein et al., 2019) 및 개발 단계에서부터 윤리적 기준을 고려할 수 있는 교육 체계가 마련되어야 한다.

다양한 배경을 가진 AI 개발자 육성 역시 중요하다. 현재 AI 개발 인력의 성별, 인종, 문화적 배경의 다양성이 부족하며 이는 AI 시스템이 특정 집단을 중심으로 설계되고 훈련되는 결과로 이어질 수 있다(West et al., 2019). 다양한 사회적 경험과 시각을 지닌 개발 인력을 양성할 때, 보다 포용적이고 공정한 AI 시스템을 구축할 수 있을 것이다.

시민들의 AI 리터러시(AI Literacy) 향상도 중요한 과제다. AI가 점점 더 많은 영역에서 의사 결정을 내리는 사회에서 시민들이 AI의 작동 원리와 한계를 이해하고 비판적으로 평가할 수 있는 역량을 갖추는 것은 필수다 (Howard & Borenstein, 2023). 이를 위해 초 · 중 · 고등학교 교육 과정에 AI 리터러시 학습 과정을 포함하고, 성인과 직장인을 대상으로 한 평생 학습 프로그램을 개발해야 한다. AI 시스템이 제공하는 정보와 결정을 맹목적으로 수용하는 것이 아니라 그 배경과 영향력을 분석하고 판단할 수 있는 능력을 갖추는 것이 공정하고 책임 있는 AI 활용의 핵심 요소가 될 것이다.

제도적 혁신: AI 공정성을 보장하기 위한 체계적 접근

AI의 공정성을 제도적으로 확보하기 위해서는 기존 규제의 보완을 넘어 새로운 법적, 제도적 혁신이 필요하다. AI 시스템이 사회에 미치는 영향을 고려하면 공정성을 객관적으로 검토하고 관리할 수 있는 체계를 마련하는 것이 필수다.

우선 AI 공정성 감사(Auditing) 제도의 도입이 중요한 과제로 떠오르고 있다. 이는 독립적인 제삼자가 AI 시스템의 공정성을 평가하고 검증하는 체계를 구축하는 방식으로 AI 개발, 운영 과정에서 편향이 발생하는지 지속적으로 감시할 수 있도록 한다(Raji et al., 2020). AI 시스템이 실제 환경에서 어떻게 작동하는지 평가함으로써 공정성 문제를 사전에 식별하고 시정 조치를 마련할 수 있다. 이러한 감사 제도는 기업과 기관이 AI 시스템의 공정성을 보장하는 책임을 강화하는 역할을 하게 된다.

또한 AI 영향 평가(Impact Assessment) 의무화도 중요한 제도적 장치로 논의되고 있다. 이는 AI 시스템이 사회에 미치는 영향을 사전에 평가하고, 잠재적인 위험 요소를 식별하여 부정적 영향을 최소화하도록 조치하는 과정이다(Richardson & Kak, 2023). 특히 취약 계층에 대한 영향을 집중적으로 평가하여 AI 시스템이 기존의 사회적 불평등을 심화시키지 않도록 하는 것이 핵심이다. 예를 들어 채용, 금융, 의료 등 AI가 인간의 삶에 직접적인 영향을 미치는 분야에서는 AI 시스템이 특정 집단에 불리한 결과를 초래하지 않도록 면밀한 검토가 요구된다.

이와 함께 공정성 인증(Fairness Certification) 제도와 피해 구제 메커니즘의 구축도 필수다. 공정성 인증 제도는 AI 시스템이 일정 수준 이상의 공정성을 갖추었음을 객관적으로 보증하는 시스템으로, AI 신뢰성을 높이는 역할을 한다(Kleinberg et al., 2018). 기업이나 기관이 공정성 인증을 획득하도록 유도함으로써 AI 개발 과정에서 공정성을 보다 적극적으로 고려하도록 할 수 있다. 더불어 AI 시스템으로 인해 피해를 입은 개인이나 집단이 구제를 받을 수 있는 법적, 제도적 메커니즘을 마련하는 것도 중요하다. AI의 의사 결정으로 인해 발생한 차별이나 불공정한 결과에 대해 이의를 제기하고 시정 조치를 요구할 수 있는 공식적인 절차가 마련되어야 한다.

결국 AI 공정성을 보장하기 위한 제도적 혁신은 감사

(Audit), 평가(Assessment), 인증(Certification), 구제(Redress)라는 네 가지 축을 중심으로 이루어질 필요가 있다. 이러한 체계를 통해 AI의 책임성을 강화하고 공정성과 신뢰성을 확보할 수 있도록 해야 한다.

기술적 발전 방향: 공정한 AI를 위한 핵심 과제

AI 시스템의 공정성을 보장하기 위해서는 지속적인 연구와 기술 개발이 필수다. 특히 설명 가능한 AI 기술의 발전은 AI의 공정성과 신뢰성을 확보하는 핵심 과제다. AI의 의사 결정 과정이 불투명한 '블랙박스' 문제는 공정성 검증을 어렵게 만들며, AI가 어떤 근거로 결정을 내리는지 이해할 수 없는 경우 신뢰 문제로 이어질 수 있다. 따라서 설명 가능한 AI 기술을 통해 AI 모델이 내리는 결정을 인간이 해석할 수 있도록 설명하는 시스템을 구축해야 한다(Mehrabi et al., 2021).

또한 프라이버시 보호 기술 역시 중요한 발전 방향으로 꼽힌다. AI 시스템이 개인 정보를 처리하는 과정에서 프라이버시 침해 위험이 증가하고 있으며, 이는 AI의 공정성 문제와도 연결된다. 차등적 프라이버시(Differential Privacy)와 연합 학습(Federated Learning)과 같은 기술은 개인 정보를 보호하면서 AI 모델의 성능을 유지하는 방법으로 주목받고 있다(Hind et al., 2020). 이러한 기술은 데이터를 중앙 서버로 모으지 않고도 모델을 훈련할 수 있도록 하여, 개인 정보 유출 위험을 줄이면서 AI 시스템이 충분한 데이터를 학습할 수 있도록 돕는다. 의료, 금융 등 민감한 개인 정보를 다루는 분야에서 이러한 기술의 도입이 필수다.

AI 공정성 평가 도구의 개발도 지속적으로 이루어져야 한다. AI가 학습하는 데이터와 알고리즘이 공정하게 설계되었는지 객관적으로 검증하기 위해서는 정량적인 공정성 측정 도구와 평가 지표가 필요하다(Holstein et al., 2019). 현재 다양한 연구에서 공정성을 평가하는 방법론이 개발되고 있으나 이를 실제 산업 현장에 적용할 수 있도록 표준화된 프레임워크를 마련하는 것이 중요하다. 특히 AI 시스템이 실시간으로 편향을 감지하고 수정할 수 있는 기술이 도입된다면 AI의 공정성을 보다 효과적으로 유지할 수 있을 것이다.

이와 함께 "윤리적 AI 설계(Ethical AI by Design)" 접근법의 도입이 필요하다. 이는 AI 시스템의 기획 단계부터 윤리적 가치를 고려하여 설계하는 방식으로, 사후적 수정이 아닌 사전 예방적 접근을 가능하게 한다(Dignum et al., 2018). 윤리적 설계를 통해 AI가 특정 집단에 불리한 영향을 미치지 않도록 초기부터 조치할 수 있으며, 이는 AI 공정성 문제를 근본적으로 해결하는 데 기여할 수 있다.

마지막으로 AI 시스템의 투명성과 신뢰성을 높이기 위해 "AI 팩트 시트(AI Fact Sheets)"와 같은 제도적 장치를 활용하는 것이 필요하다(Hind et al., 2020). AI 팩트 시트는 AI 모델이 어떻게 개발되었고, 어떤 데이터를 학습했으며, 어떤 방식으로 결정을 내리는지 설명하는 문서로 AI 시스템의 투명성을 높이는 데 중요한 역할을 한다. 이를 통해 기업과 기관은 AI 시스템의 공정성을 보장하고 사용자에게 신뢰할 수 있는 정보를 제공할 수 있다.

AI의 공정성과 신뢰성을 확보하기 위해서는 기술적 혁신과 제도적 보완이 병행되어야 한다. 설명 가능한 AI, 프라이버시 보호 기술, 공정성 평가 도구 개발과 같은 기술적 접근뿐만 아니라, 윤리적 설계 원칙을 도입하고 투명성을 강화하는 제도적 지원이 함께 이루어질 때 AI 시스템은 공정하고 신뢰할 수 있는 방향으로 발전할 수 있을 것이다.

산업계의 역할과 책임

AI 기술이 사회 전반에 미치는 영향이 커지는 만큼 기업의 적극적인 참여와 책임 있는 행동이 공정한 AI 구현에 핵심적인 역할을 한다. AI를 개발, 운영하는 기업은 단순한 기술 혁신을 넘어 윤리적 책임을 다해야 하며, 이를 실천하기 위한 구체적인 정책과 가이드라인을 마련해야 한다(Richardson & Kak, 2023). 단순히 AI 윤리 원칙을 선언하는 것에 그치는 것이 아니라 기업 내부에서 이를 실제로 적용할 수 있는 실행 가능한 원칙과 지침을 수립하고, 정기적으로 이를 점검하는 시스템을 갖추는 것이 중요하다. 또한 AI 개발 과정에서 다양한 이해관계자의 의견을 수렴하고 이를 반영하는 것이 필수다. AI가 다양한 사회적 맥락에서 활용되는 만큼 기업이 기술을 개발하는 과정에서 학계, 정부, 시민 사회, 사용자 등 여러 이해관계자의 목소리를 반영해야 한다. 예를 들어 기업이 AI 채용 시스템을 개발할 때, 채용 담당자뿐만 아니라 다양한 인종, 성별, 사회적 배경을 가진 지원자의 의견을 고려해야 한다. 이를 통해 AI 시스템이 특정 집단에 불공정한 영향을 미치는 것을 사전에 방지할 수 있다. 산업 표준의 개발과 자율 규제 체계 구축도 공정한 AI 구현을 위한 핵심 요소다. AI 공정성을 보장하기 위해서는 기업이 개별적으로 대응하는 것을 넘어 산업 전반에서 공통적으로 적용할 수 있는 표준과 지침을 마련해야 한다

(Howard & Borenstein, 2023). 특히 AI 공정성 기준을 기업이 자발적으로 수립하고 이를 준수하도록 하는 자율 규제 체계는 법적 규제를 보완하는 역할을 하면서 기업의 혁신을 저해하지 않는 방향으로 이루어질 수 있다.

이를 위해 기업이 AI 감사, AI 영향 평가와 같은 공정성 점검 시스템을 도입하는 것은 중요한 전략이 될 수 있다. 정기적인 내부 및 외부 감사를 통해 AI 시스템이 공정성을 유지하고 있는지 점검하고, 이를 개선하기 위한 조치를 취해야 한다. 즉 산업계는 공정한 AI 구현을 위해 법적 규제에 의존하는 것이 아니라 자율적인 책임과 윤리적 리더십을 발휘해야 한다. 기업은 AI 기술이 사회에 미치는 영향을 고려해 적극적으로 공정성을 반영한 시스템을 설계하고, 지속적인 평가와 개선을 통해 AI가 포용적이고 책임감 있게 활용될 수 있도록 노력해야 한다.

시민 사회의 참여와 감시

시스템의 공정성을 보장하기 위해서는 시민 사회의 적극적인 참여와 감시가 필수다. 기술 발전이 사회적 영향을 미치는 범위가 넓어지는 만큼 AI 시스템이 공정하고 책임감 있게 설계, 운영될 수 있도록 시민들이 감시하고 개입할 수 있는 체계를 마련하는 것이 중요하다. 특히 AI

가 의사 결정 과정에서 공정성을 유지하고 있는지 지속적으로 평가하고, 문제 발생 시 이를 사회적으로 논의할 수 있도록 하는 시민 참여형 거버넌스 모델이 필요하다(Crawford, 2021).

시민 참여형 AI 거버넌스

시민 참여형 AI 거버넌스는 AI 개발과 도입 과정에서 시민들의 의견을 반영하고 민주적 통제를 가능하게 하는 중요한 장치다. AI 시스템이 특정 사회적 계층이나 집단에 불공정한 영향을 미칠 가능성이 큰 만큼, 시민 사회가 주체적으로 AI 운영 방식을 검토하고 피드백을 제공하는 역할을 해야 한다. 예를 들어 공공 부문에서 활용되는 AI 시스템(예: 복지 행정, 경찰 감시 시스템 등)은 시민 사회 조직과 협력하여 지속적인 모니터링과 평가를 수행할 필요가 있다. 시민 사회가 AI 정책 결정 과정에 참여할 수 있도록 공공 포럼, 시민 패널, AI 윤리 위원회 등 제도적 장치를 마련하는 것도 효과적인 방안이다. 이러한 기구를 통해 AI의 설계 단계에서부터 윤리적 고려 사항이 반영되도록 하고, 운영 과정에서 발생하는 문제들을 시민이 직접 논의하고 해결할 수 있도록 해야 한다.

AI 감시 및 평가 체계 구축

시민 사회 조직이 독립적으로 AI 시스템의 공정성을 평가하고 문제점을 지적할 수 있는 감시 체계를 구축하는 것도 필수다(Buolamwini & Gebru, 2018). 현재 일부 기술 기업은 자체적인 윤리적 검토 과정을 운영하고 있지만 기업 내부의 평가만으로는 한계가 존재한다. 따라서 독립적인 시민 사회 단체와 전문가 집단이 협력하여 AI 시스템을 평가하고 공정성 기준을 감시할 수 있는 메커니즘을 마련해야 한다.

이를 위해 AI 감시단(AI Watchdog)과 같은 독립적인 감시 기구를 구성하여 AI 시스템이 실제로 공정성을 유지하고 있는지 검토하는 역할을 부여하는 방안이 고려될 수 있다. 이러한 감시 체계는 AI가 특정 인구 집단에 미치는 영향을 분석하고, 윤리적 문제를 제기하며, 문제 발생 시 개선을 요구하는 등의 기능을 수행해야 한다. 또한 AI 시스템의 공정성을 분석할 수 있는 시민 참여형 평가 도구와 방법론을 개발하는 것도 중요하다. 이를 통해 시민들이 직접 AI 시스템을 테스트하고 불공정한 결과가 도출될 경우 문제 제기할 수 있도록 해야 한다.

사회적 대화 플랫폼 구축

AI 기술이 제기하는 윤리적, 사회적 문제를 논의하고 합의를 도출할 수 있는 사회적 대화 플랫폼을 마련하는 것 또한 필수다(Noble, 2018). AI 기술의 영향력이 확대될수록 다양한 이해관계자가 참여하는 공개 토론의 중요성이 커지고 있다. 특히 AI 기술이 특정 계층에게 불공정한 결과를 초래할 가능성이 큰 만큼, 취약 계층의 목소리가 충분히 반영될 수 있도록 포괄적인 대화의 장을 마련하는 것이 중요하다. 이를 위해 정부, 학계, 기업, 시민사회가 협력하여 AI의 사회적 영향을 논의하는 공론장을 운영하고 이를 정책 및 기술 개발 과정에 반영하는 구조를 구축해야 한다. AI 공정성을 확보하기 위해서는 기술 개발자나 정책 결정자뿐만 아니라 시민 사회가 적극적으로 참여하고 감시할 수 있는 체계가 마련되어야 한다. 이를 통해 AI 시스템이 사회적 신뢰를 얻고, 보다 포용적이고 공정한 방향으로 발전할 수 있을 것이다.

연구 과제와 향후 방향

공정한 AI를 실현하기 위해서는 장기적인 연구가 지속적으로 수행되어야 하며 이를 위한 핵심 연구 과제를 명확히 설정할 필요가 있다. AI 공정성에 대한 새로운 개념적 틀을 구축하는 것은 중요한 과제다. 기존의 공정성 정의와 측정 방식은 특정한 사회 문화적 맥락을 기반으로 설계된 경우가 많아 다양한 국가와 문화에서 보편적으로 적용하기 어렵다는 한계를 가진다(Mehrabi et al., 2021). 따라서 공정성을 보다 포괄적으로 정의하고 AI 시스템이 적용되는 사회 문화적 환경을 고려한 공정성 개념을 확립하는 연구가 필요하다. 또한 AI 공정성 문제를 해결하기 위한 학제 간 연구의 활성화가 필수다. AI 기술이 사회에 미치는 영향을 종합적으로 분석하기 위해서는 컴퓨터 과학뿐만 아니라 법학, 철학, 사회학, 윤리학 등 다양한 분야의 연구자가 협력해야 한다 (Howard & Borenstein, 2023). 예를 들어 법학과 컴퓨터 과학의 협력은 AI 시스템이 법적 공정성을 준수할 수 있도록 규제 프레임워크를 개발하는 데 기여할 수 있으며, 사회학과 윤리학의 연구는 AI가 실제 사회에서 어떻게 받아들여지고 활용되는지 분석하는 데 중요한 역할을 할 것이다. 이와 함께 공정성 원칙을 실제 AI 개발과 운영 과정에 적용할 수 있는 실천적 방법론의 개발도 중요한 과제다(Kleinberg et al., 2018). 이론적 논의를 넘어 AI 시스템이 공정성을 보장할 수 있도록 하기 위해서는 구체적인 기술, 운영 가이드라인이 필요하다. 여기에는 데이터 편향을 완화하는 알고리즘 개발, 공정성 지표를 평가할 수 있는 도구의 개발, AI 시스템의 투명성을 높이는 기술적 접근 방식 등이 포함될 수 있다.

결론적으로 공정한 AI의 실현은 기술적, 제도적, 사회적 차원의 종합적인 노력을 필요로 한다. 이를 위해 ▲국제 협력의 강화 ▲AI 윤리 교육 및 리터러시 향상 ▲제도적 혁신 ▲기술 발전 ▲산업계의 적극적인 참여 ▲시민사회의 감시 및 견제 ▲지속적인 연구와 학제 간 협력이 필수다. 이러한 다층적 접근을 통해 AI 기술의 혜택을 보다 공정하게 분배하고, 잠재적 위험을 최소화할 수 있을 것이다.

AI는 우리 사회의 모습을 근본적으로 변화시킬 수 있는 강력한 도구다. 그러나 이 도구를 어떻게 설계하고 활용하느냐에 따라 우리의 미래는 완전히 달라질 수 있다. 공정성과 윤리를 AI 시스템의 핵심 가치로 설정하고 이를 실현하기 위한 구체적인 방안을 마련해야 한다. 이를 위해서는 정부, 기업, 시민 사회, 학계 등 다양한 주체가 협력하여 책임 있는 AI 개발과 운영을 위한 체계를 구축해야 한다. AI 기술이 인간 중심 가치와 조화를 이루며, 모든 사람이 공정한 기회를 누릴 수 있는 방향으로 발전할 수 있도록 지속적인 관심과 노력이 요구된다.

참고문헌

Buolamwini, J. & Gebru, T.(2018). Gender shades: Intersectional accuracy disparities in commercial gender classification. *Proceedings of machine learning research*, 81, 77-91. https://doi.org/10.1145/3287560.3287593

Crawford, K.(2021). *Atlas of AI: Power, politics, and the planetary costs of artificial intelligence*. Yale University Press.

Dignum, V., et al.(2018). Ethics by design: necessity or curse?. In Proceedings of the 2018 AAAI/ACM Conference on AI, Ethics, and Society (pp. 60-66).

Dignum, V.(2019). *Responsible artificial intelligence: How to develop and use AI in a responsible way*. Springer Nature.

Hind, M., et al.(2020). AI transparency and accountability: Bridging the gap between principles and practices. *IBM journal of research and development*, 64(1/2), 2:1-2:10. https://doi.org/10.1147/JRD.2019.2942288

Holmes, W., et al.(2019). Artificial intelligence in education: Promises and implications for teaching and learning. Center for Curriculum Redesign.

Holstein, K., et al.(2019). Improving fairness in machine learning systems: What do industry practitioners need? Proceedings of the 2019 CHI Conference on Human Factors in Computing Systems, 1-14. https://doi.org/10.1145/3290605.3300830

Howard, A. & Borenstein, J.(2023). Enlarging the model of the human at the heart of human-centered AI: A social self-determination model of AI system impact. *AI and ethics*, 3(2), 543-557.

https://doi.org/10.1007/s43681-023-00289-2
Jobin, A., et al.(2019). The global landscape of AI ethics guidelines. *Nature machine intelligence*, 1(9), 389-399. https://doi.org/10.1038/s42256-019-0088-2
Kleinberg, J., et al.(2018). Discrimination in the age of algorithms. *Journal of legal studies*, 46(2), 1-43. https://doi.org/10.1086/705201
Mehrabi, N., et al.(2021). A survey on bias and fairness in machine learning. *ACM computing surveys*, 54(6), 1-35. https://doi.org/10.1145/3457607
Noble, S. U.(2018). *Algorithms of oppression: How search engines reinforce racism*. NYU Press. https://doi.org/10.2307/j.ctt1pwt9w5
Raji, I. D., et al.(2020). Closing the AI accountability gap: Defining an end-to-end framework for internal algorithmic auditing. Proceedings of the 2020 Conference on Fairness, Accountability, and Transparency, 33-44. https://doi.org/10.1145/3351095.3372873
Richardson, R. & Kak, A.(2023). Conservative AI and social inequality: Conceptualizing alternatives to bias through social theory. *Big data & society*, 10(1). https://doi.org/10.1177/20539517231162738
Selbst, A. D., et al.(2019). Fairness and abstraction in sociotechnical systems. In Proceedings of the Conference on Fairness, Accountability, and Transparency (pp. 59-68).
West, S. M., et al.(2019). Discriminating systems: Gender, race, and power in AI. AI Now Institute.

박규동

서울시립대학교 정경대학 행정학과 조교수로 근무 중이다. 미국 콜로라도대학교에서 정책이론을 전공하고 행정학 박사 학위를 받았다. "형사사법 절차상 인공지능(AI)시스템 도입의 주요 논점", "자동안면인식(AFR)기술 규제 방안 연구", "형사정책 시스템 알고리즘 구축 과정에서의 편향성", "AI 시스템의 위험 완화를 위한 정책적 접근방안 연구" 등 다수의 논문을 게재했으며 『전략적 기획과 성과관리』, 『정책평가론』을 저술했다. 대학에서 인문사회과학 전공자를 위한 데이터 분석, 머신러닝, 인공지능 알고리즘을 강의하고 있으며, 다양한 측면에서 발생하는 인공지능의 편향 문제를 해결하는 연구에 관심이 있다.

김근혜

고려대학교 정보보호연구원 연구교수로 재직 중이다. 고려대학교 정보보호대학원에서 사이버보안 정책을 전공해 공학 박사 학위를 받았다. 2019년부터 한국연구재단 지원으로 "AI 알고리즘 서비스의 공정성 개선"을 주제로 다수의 연구 과제를 수행했다. AI 영향 평가, AI 조달, AI 규제 등 공공 분야의 AI 정책 관련 다수의 논문을 발표했으며, AI 위험 관리 거버넌스 분야에서 다방면으로 연구 및 자문 활동을 하고 있다.